詳しくなる大相撲

根間弘海

専修大学出版局

本書を妻・尚子へ、感謝を込めて

まえがき

大相撲とは日本相撲協会が行う相撲のことである。本書はこの大相撲の案内書で、初心者向けの初歩的な説明から、相撲に精通している読者向けの深い知識までさまざまな話題に触れている。相撲の現状や歴史的経緯など知識が増えれば、相撲の見方にも大きく影響する。これまでよりも相撲をさまざまな面で楽しむことができるようになるであろう。さらに、相撲についてもっと深く知りたくなるかもしれない。

相撲の歴史は非常に長い。しかし、その歴史を知らなくても相撲を楽しむことはできる。相撲には原則として必ず勝敗があり、その見分けはすごく単純である。対戦する力士のどちらか一方が先に足裏以外の体の一部が土俵につくか、体が先に土俵外に出れば、その瞬間に勝負が決まる。勝敗だけに関心を持っていても相撲は十分楽しい。しかし、相撲には勝敗だけでなく、それを支えている要素がたくさんある。その要素にはどんなものがあるか、それを紹介しているのが本書である。

本書は相撲の現状だけでなく、現在の相撲に至る歴史的な経緯についても簡単に触れている。たとえば、横綱土俵入りでは横綱の介添えとして露払いと太刀持ちが同伴するが、その同伴がいつから行われたのか、太刀持ちが横綱の右側に、露払いが左側に蹲踞するようになったのはいつからか、また立行司木村庄之助の軍配房は総紫だが、その房色になったのはいつからか。横綱土俵入りや立行司木村庄之助の軍配房など現在の形になるまでにさまざまな経緯や歴史がある。相撲は一見昔の伝統を維持しているように見えるが、長い目で見れば大きく変化している。本書ではどのような変化があったかについて言及している。

本書は八章より構成され、各章では最初に基礎的な知識を、章末には関連ある話題を紹介している。全部で一八の話題と四つの参考資料が提示されているが、話題の中には問題提起をしている場合もあるし、事実を提示しているだけの場合もある。問題提起をした話題の中には未解決のものもある。参考資料は本文の中で詳しく扱わないものを資料として提示してある。

本書はまた、第一章から順序よく読む必要もない。目次を参照してもらい、興味を引きそうな章から自由に読んでもらいたい。「話題」の項目は基礎的な知識をさらに深く掘り下げたものなので、相撲のことをある程度知っている読者なら、基礎的な事柄を述べてある項目は飛ばし、話題を中心に読んでもよいだろう。

本書の企画は専修大学出版局の事務室で笹岡五郎局長（二〇一九年四月定年退職）と真下恵美子編集者と雑談をしていたとき、一般の人向けに相撲の本を出そうではないかということから始まった。もう三、四年前になる。当時から少しずつ書いてきたが、相撲界では一連の暴行事件があり、それが相撲そのものにも大きく影響してきた。相撲の現況の部分については、相撲界の変動の影響で書き換えを何回も余儀なくされた。たとえば、横綱日馬富士の暴行事件や引退、貴乃花の理事会との衝突や相撲界からの引退、四〇代式守伊之助の突然の引退、前頭貴ノ岩の暴行事件やその引退など、特に人事に関して影響が大きく、大幅な書き換えをせざるを得なかった。力士の人事は毎場所変化するので、毎場所その動きには注意を要する。

本書の出版に際しては、企画の初めから出版まで笹岡局長と真下編集者のご尽力があったことを記しておきたい。笹岡氏は企画全般の責任者として、また真下編集者は本の編集や文章の推敲、出版にまつわる細々とした面で大変お世話になった。お二人の励ましや支援がなかったならば、本書は出版されなかったに違いない。ここに改めて感謝の意を表しておきたい。

本書を執筆していたとき、元立行司の木村庄之助（二九代、三〇代、三三代、三五代、三六代）、四〇代式守伊之助をはじめ、現役行司（特に四一代式守伊之助や幕内行司の木村元基）にも大変お世話になった。大相撲談話会メンバーの多田真行さんには以前出版したときと同様に原稿を読んでもらい、また、幕内行司・木村元基さんには第一章と第二章の一部原稿を読んでもらい、それぞれ貴重なコメントをいただいた。大相撲談話会メンバーの阿部孝広さんや相沢亮さんには資料提供などでもお世話になった。他のメンバーたち（水野貴司さん、村谷直史さん、呉淳久さん、小松原炎さん、福田周一さん、鈴木義久さん）にも毎月自宅で開く例会や年中のイベント的会合（相撲史跡訪問、夏の暑気払い、忘年会など）で直接・間接的に大いなる刺激を受けている。これらの方々に改めて感謝の意を表しておきたい。

国技館内の相撲博物館には錦絵や江戸時代の写本を見せてもらった。特に錦絵については細部の確認はもちろん執筆中に何度も照合する必要があり、複写をお願いすることもあった。江戸時代の行司の研究では博物館の資料は大変貴重で、錦絵や写本の閲覧と複写は大変ありがたかった。改めて相撲博物館のご協力にも感謝の意を表したい。

なお、本書の相撲に関する規則は、たとえば『国技相撲のすべて』（一九九六年一一月）に「財団法人日本相撲協会寄附行為施行規則」（一五四―六六頁）として掲載されている。相撲協会は二〇一四年一〇月に「公益財団法人」となり、新しく「定款」が施行された。新しい条項もあるが「定款」は「寄附行為」と多くの条項が一致している。しかし、「定款」には細かい相撲規則があまり述べられていない。そのため、本書では、「定款」になる前の「寄附行為施行規則」も使用していて、定款も統一して「協会規約」と呼ぶことにしている。また「定款」を参照するときは、そのことをはっきり述べるようにしている。「定款」の断りがないときは定款前の「協会規約」に基づいていることになる。

本書では、ときどき「現在」が使われているが、明確な年月の指定がない限り、執筆時の「二〇一九年五月」の時点を表している。特に番付は場所ごとに異なるので、力士の番付に言及するときは注意を要する。それに伴って力士の褒賞金や給料も異なることがある。また、時の経過とともに、相撲協会の各部署の人事や相撲部屋の人事も変わる。特に人事に関してはいつの時点を扱っているかに注意する必要がある。

目次

第四章　行司 …… 139

※本書では、明治五年の改暦以降は西暦（現行暦）、それ以前は和暦で記載してある。和暦については、参考として当時の西暦年を併記している。

第一章　番付と力士

一．番付

大相撲では本場所の前に、「番付」が発表される。番付は力士たちの相互の位置関係を表したものであり、それを表にしたのが「番付表」である。しかし、実際には番付と番付表を区別して呼ぶことはほとんどなく、「番付」でその両方を表すのが普通である。本書でも番付と番付表を区別することはほとんどない。厳密に区別する必要があるとき、番付と番付表を別々に表記する。

番付は普通、本場所の一三日前に発表される。一月場所については年末の郵便事情などを考慮し、少し早めに発表される。

番付に四股名が載った相撲取りを「力士」と呼ぶ。力士には一〇の階級があって、最下位が序ノ口で、最高位が横綱である。

①序ノ口は番付の最下位で、番付表に書かれるときには、極小の文字となっているので、別名「虫メガネ」とも呼ばれている。
②幕下以下を正式には「力士養成員」、または「取的《とりてき》」ともいう。取的は序二段以下の力士を指していることが多い。
③幕下以下の通称を、「若い者《もん》」または「若い衆《しゅう》」という。

④十両と幕内を合わせて「関取」という。「十両」は通称で、幕末から明治にかけて給金が十両だったことに由来するという。正式名称は「十枚目」である。

⑤前頭から横綱までを「幕内力士」、または単に「幕内」という。

⑥幕内で、三役より下の前頭を「平幕」という。

⑦「三役」は普通、小結、関脇、大関の力士である。横綱は「三役」に含まれず、別格扱いとなる。しかし、ときには小結と関脇を「三役」と呼ぶこともある。「三役」の呼称はあいまいである。

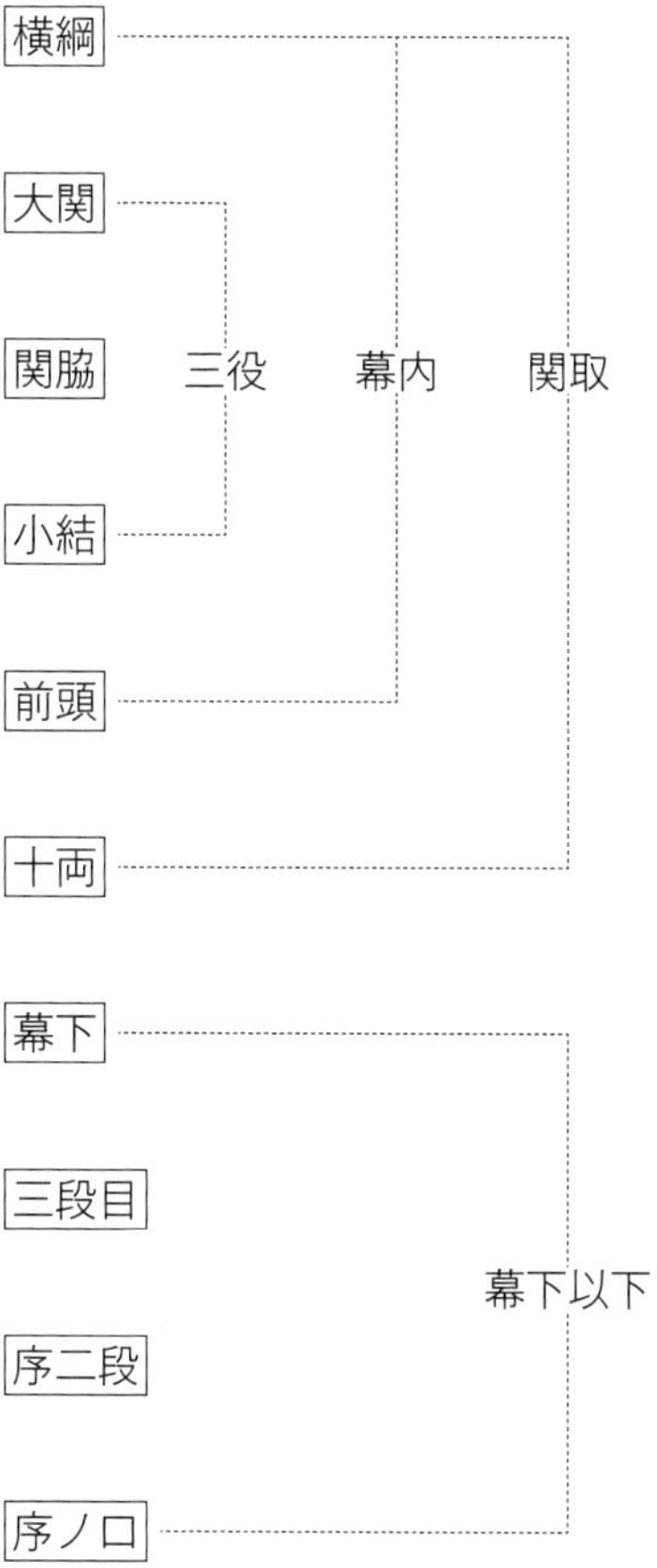

力士の階級

二．階級の人数

番付表には序ノ口から横綱までの全力士が載っている。その総数は約七〇〇人から九〇〇人前後である。全体の人数は場所ごとに異なるが、階級ごとの人数は目安が決められている。

①序ノ口と序二段は定員がない。
②三段目は東西にそれぞれ一〇〇名ずつ、全部で二〇〇名である。
③幕下は東西にそれぞれ六〇名ずつ、全部で一二〇名である。
④十両は東西にそれぞれ一四名ずつ、全部で二八名である。
⑤幕内は東西にそれぞれに二一名ずつ、全部で四二名である。

十両と幕内の人数についてては、協会規約の「番付編成要領」第一〇条に規定されている。それには幕内四二名以内、十両二八名以内とあり、その人数を超えないこととなっている。現在の定員は二〇〇四年一月場所に始まっている。

これは現在の階級の定員であって、過去には何回も人数の変遷があった。たとえば、一九五七年三月場所は幕内五八名、十両四六名だったし、一九六七年五月場所は幕内三四名、十両二六名だった。

現在、幕内は全体で四二名なので、三役以上の人数によって平幕（すなわち前頭）の人数も変わることになる。それをもう少し詳しく見てみよう。

⑥小結、関脇、大関は東西にそれぞれ少なくとも一名ずついなければならない。

⑦横綱はいてもいなくてもかまわないし、定員もない。つまり、横綱は四名いてもよいし、ゼロでもよい。

たとえば横綱が四名いたら、平幕の数は少なくとも四名少なくなる。また、横綱が三名で、大関が四名の場合、合計が七名なので、平幕の数は七名少なくなる。このように小結から横綱までの人数の増減は、必然的に平幕の人数の増減に影響する。要するに、幕内力士は全体で四二名以内である。

以前は三役の階級は一名ずつだったので、同じ階級に二名いると、下位の力士を番付枠外に記載していた。枠外に記載することを「張出《はりだし》」と呼ぶ（本書では「張出し」とも表している）。たとえば、一九九三年七月場所の番付表では、「正関脇」は若ノ花（東）、若翔洋（西）で枠内に記載され、関脇貴ノ浪は枠外に記載されている。枠外で記載された関脇を「張出し関脇」という。現在は枠外に記載することはなく、すべての力士を番付枠内に記載している。この形に変わったのは、一九九四年七月場所以降である。

大関は東西に少なくとも一名ずついなくてはならないが、大関が欠けた場合はどうするのか。その場合、上位の横綱が「横綱大関」として大関の代わりも兼ねて、名目上、大関がいることにする。たとえば、一九八一年九月場所では大関が二名欠けたが、そのときは横綱北の湖が東の横綱大関となり、横綱千代の富士が西の横綱大関となっている。

三．力士入門

力士として番付に載る前には、まず力士入門者として協会に登録される。登録されるためには、次の条件を満たす必要がある。この条件は「協会規約」第五四条に規定されている。

①義務教育を修了しているか、修了見込みであること。
②新弟子検査日に二三歳未満で、かつ男子であること。
③身長が一六七センチ以上であること。
④体重が六七キロ以上であること。ただし、応募する三月場所に中学卒業見込みである場合は、身長一六五センチ以上、体重六五キロ以上であること。

この条件は協会所属の力士となるための検査基準であり、これを満たしている者が相撲部屋の師匠を通して「力士検査届」の書類を協会に提出することができる。届けは必ず部屋の師匠を通さなければばならない。力士を志望する者は、まず届けを出す前に、所属する相撲部屋を決めておく必要がある。「師匠」とは、相撲部屋を持っている親方の通称である。この検査基準は年代によって変化しており、現在の基準は二〇一二年五月場所以降のものである。二〇一二年の改定前は身長一七三センチ以上、体重七五キロ以上だった。また、相撲部屋への入門を義務教育修了後と定めたのは、一九七一年以降である。それまでは相撲部屋に所属しながら学校に通い、義務教育を受けていた力士もいた。

「力士検査届」とともに協会に提出する書類は、次の三点である。

①親権者の承諾書
②戸籍謄本または抄本
③協会の指定する医師の健康診断書

これらの書類を整えて協会に提出し受理された後、新弟子検査を受けて合格し、協会に登録されると、晴れて協会所属の力士入門者となる。この段階は「新弟子」と呼ばれる。新弟子は登録したばかりの他の新弟子と「前相撲」を取ってお披露目（新序出世披露）を受けたのち、次の本場所の番付に序ノ口として掲載される。

協会所属の力士への入口は、実は、もう一つある。規約（第五四条）に詳しく規定されているもので、協会指定の大学相撲や成人相撲大会などで一定の優秀な成績をおさめている者に適用される。この場合は年齢制限が二三歳未満ではなく、二五歳未満であることが条件となる。たとえば、全日本相撲選手権大会や全国学生相撲選手権大会などで、優勝したり成績が上位だったりした選手の場合、力士階級の一定の地位に「付け出し」される。付け出しとは、前相撲から順序を踏んで進むことなく、ただちに幕下や三段目として相撲を取り始めることである。現在、付け出しには三種類ある。

①幕下一〇枚目付け出し
②幕下一五枚目付け出し
③三段目最下位付け出し

しかし、この場合でも、一定の手続きが必要である。力士希望者みずからが直接協会に申請することはできず、所属する相撲部屋の師匠が協会に申請する。たとえば、横綱・輪島（花籠部屋）は日本大学出身で、二度も学生横綱の実績があり、一九七〇年一月場所に幕下付け出し（六〇枚目格）で初土俵を踏んでいる。また、現前頭・豊山（時津風部屋）は東京農業大学出身で、全日本相撲選手権大会でベスト8に入る実績があり、二〇一六年三月場所に三段目最下位（一〇〇枚目格）で初土俵を踏んでいる。そのときの四股名は小柳《おやなぎ》だった。

四．新序出世披露

協会に新弟子として登録されたあとは、新弟子同士が取り組む「前相撲」に登場しなければならない。前相撲があることは番付の左下に「此外中前相撲東西ニ御座候」と記されている。「中相撲」は「本中《ほんちゅう》相撲」を表しているが、これは現在、行われていない。「本中相撲」は行われていないのだから、〝中〟の文字を削除してもよさそうだが、伝統を重んじて、そのまま残してあるのだ。他にも番付には昔の言葉遣いがそのまま残っているものがある。

新弟子にとっては、前相撲が「初土俵」になる。前相撲は本場所三日目（三月場所は二日目）から行われる。入門者が多い場合は、前相撲で先に二勝した者が「一番出世」となり、その次に二勝した者が「二番出世」となる。最後まで残った者は「三番出世」となる。この場合の出世とは、力士入門者である新弟子が晴れて力士になることである。現在は、二勝しなくても、または全敗しても、全員が出世することになっている。しかし、前相撲を取らなければ、出世することはない。したがって、次の本場所の番付にも載らない。序ノ口の力士となるには、必ず前相撲に登場しなければならないのである。

前相撲を取り終えて出世が決まったら、同じ場所中に「新序出世披露」の儀式が行われる。この儀式は、いずれの場所でも三段目の取組の途中で行われる。新弟子数は場所によって違うため、行われる回数が異なる。通常三月場所は入門者が多く、五日目（一番出世）、九日目（二番出世）、一二日目（三番出世）の三回行われるが、入門者が少ない他の場所は八日目に一回だけ行われる。三回行った場合の日程が現在の状況になったのは、一九九四年三月場所以降である。三月場所以外に新序出世披露が二回行われたのは、中学生力士の入門が可能だった一九七一年七月場所（一一日目と一三日目）である。元琴風の尾車親方が中学生力士で入門している。この翌年の一九七二年一月場所からは、中学生力士の入門が禁止された。

新序出世披露の回数は、そのときの入門者数によって決まり、場所によって回数が定められているわけではない。一回しか行われない場所では、「一番出世」という表現は用いないが、二番勝った者から先に出世することに変わりはない。なお、二〇一一年は力士の不祥事で三月場所が中止になったため、五月場所も本場所ではなく技量審査場所になり、このときには例外的に二番出世（一三日目）が行われている。

新序出世披露の儀式では、幕下以下行司が次のような口上を述べる。行司の口上の言葉遣いには古風なものがあったり、時代や行司によっても少しずつ異なったりすることがある。しかし、表現している内容は同じものだと言ってよい。

○新序出世披露の口上

「これに控えおります力士儀にござります。ただ今までは番付外に取らせおきましたところ、当場所成績優秀につき、本日より番付面に差し加えおきまするあいだ、以後相変わらずご贔屓・お引き立てのほど、ひとえに願い上げ奉ります」

新序出世力士はこの儀式のとき初めて化粧廻しをつける。化粧廻しは相撲部屋の先輩力士や師匠などから借りたものである。儀式を終えると、出世力士たちは国技館の各部署に挨拶回りをする。

また、新序出世力士は、その場所の千秋楽の土俵手打ち式と神送りの儀式にも出席する。土俵手打ち式は本番所初日に土俵祭でお招きした相撲の神々をお送りする儀式で、出席するのは新序出世力士、呼出し、若者頭、審判委員、行司たちである。手打ち式に続いて、神送りの儀式が行われる。この二つの儀式の境目は必ずしもはっきりしない。行司を胴上げすることにより、神送りの儀式が行われていることに気づくぐらいである（神送りの儀式については一一七頁参照）。

力士の丁髷《ちょんまげ》にまつわる風習を一つ紹介する。これは面白い風習だが、あまり知られていないかもしれない。力士は床山によって初めて丁髷を結ったとき、師匠や女将さんをはじめ、同じ部屋の先輩全員に挨拶して回る。丁髷を結った新弟子は「おかげさまで髷が結えるようになりました」と挨拶する。その返礼として、先輩たちはオデコに「コンパチ」を入れる。これは親指と中指で円を作り、中指でオデコを力強くパチンと弾くものである。鼻がツーンとなるほどの痛みを感じることがあるそうだ。オデコを弾くとき、微笑しながら「ガンバレよ」と励ましの言葉をかける。先輩の関取はコンパチをすると、お小遣いをくれる。しかし、最近はコンパチを入れる全員がお小遣いをくれるわけではないらしい。お小遣いを渡すかどうかは、個人の自由だという。

丁髷が結えるようになるには、入門後一、二ヵ月ではなく、一年近くかかるそうである。したがって、コンパチの洗礼を受けるのはその頃になる。この風習は昔から続いているが、最近は小遣いを渡す人が少なくなっているらしい。それが本当かどうか、また相撲部屋全体にそのような風習があるのかは確認できていない。この風習が相撲界にあることは以前から耳にしていて、最近、木村元基さんに尋ねてみたところ、ここで述べたことを詳しく教えてくれたのである。

五．外国出身力士

ここでは、便宜上、外国出身力士を「外国人力士」と呼ぶことにする。外国人力士については協会規約（第五五条）に明記されているが、入門するときの身長や体重の基準は日本人の場合と変わらない。ただ日本の国籍をもたないため、確かな保証人二名が連署した書類を用意する必要がある。保証人の国籍は規定に明記されていないが、日本国籍が要求されているようだ。日本人の志望者と同じく必要書類を「力士検査届」とともに、師匠が協会に提出することになっている。外国人でも意外と簡単に力士を志願できるのである。ただし現在、外国人力士は一部屋に一人とされているので、枠が空いている部屋を見つけるのが難しくなっている。しかも、すべての部屋持ち師匠が外国人力士を受け入れているわけではない。外国人力士を受け入れるかどうかは部屋の師匠の判断次第なのである。

新弟子検査に合格し、力士として登録されたあと、外国人力士については興行ビザの取得が義務づけられている。興行ビザの取得が義務づけられたのは、二〇〇八年一一月場所以降である。それまでは、力士として登録したあと、外国人登録証明書を協会に提出していた。興行ビザを取得したあとでないと前相撲を取ることができない。前相撲を取って初めて、その翌場所の番付に力士名が載ることになる。それは日本人力士と同じである。なお、部屋に外国人力士がいるかどうかは、たとえば、毎年発行される『大相撲力士名鑑』でもすぐわかる。出身国が書いてあるからである。

外国出身力士が一部屋一人と決まったのは、二〇一〇年二月である。外国人力士の人数は、かつては制限されていなかったが、一九九二年に一部屋に二人以内、協会全体で四〇人までとされ、二〇〇二年には四〇人枠を撤廃して一部屋一人の制限に変更された。二〇一〇年には「外国人力士枠」として一人だったものが、「外国出身力士枠」（帰化した者も含める）に変更された。これにより外国人力士は帰化力士も含めて一部屋一人に制限されたのである。ただし、規制の制定時点で二人以上いた場合や、部屋の合併で人数が増えた場合は外されている。

厳密には外国人力士と外国出身力士とは区別すべきであろう。一般には外国人力士と呼ぶ場合は、帰化していない「外国出身力士」を指していることが多い。

六．番付の用語

相撲は、言葉と同様にその具体的な内容が時代の経過とともに変化している。昔は当たり前に通じていた言葉が現在は通じなくなったり意味がぼやけてしまっていたりする。言葉遣いも時代に合わせて変えれば、古めかしい感じを与えることはないだろう。しかし、番付をみると、首をかしげたくなる表現がいくつかある。それらは、昔の言葉遣いの名残である。見方を変えれば、昔の伝統をそのまま受け継いでいると言える。いつの日か、番付の言葉遣いも時代の変化に合わせて変えられるかもしれない。そのような言葉遣いをいくつか示す。

蒙御免（一六頁中央上）

「ごめんこうむる」と読む。江戸時代の相撲興行は、寺社奉行に届けを出して許可を受ける必要があった名残である。公認の興行であることを示している。現在ではそのような許可を政府や自治体から受ける必要がないのだが、伝統を重んじる相撲ではこの言葉をそのまま使用している。一九三〇年の天覧相撲の番付では「賜天覧」を使っている。絵番付では「為御覧」や「御覧出世鏡」と書いてある。現在は奇異な感じがするが、デザイン的な魅力がある。

此外中前相撲東西ニ御座候

「これ以外にも中相撲と前相撲の力士が東西にそれぞれいます」という意味。すでに述べたとおり、前相撲は現在でもあるが、中相撲はもう行われていない。以前は前相撲と序ノ口の間に中相撲があり、この文字はその名残である。「御座候」という言葉遣いも現在は使われていないので、これを見ただけでも昔の名残であることがわかる。

千穐万歳大々叶（一七頁番付左下）

これは「千年も万年も大入りでありますように」と願う意味を表したものである。「千客万来」と同じ意味である。この言葉から大相撲が客商売の興行であることが読み取れる。新旧をはじめ字体が交じっているところが面白い。「万」は「萬」が旧字体であり、「叶」も「叶う」のほうが現代的である。

行司の口上でも「ございます」を「ござりまする」と述べるように、古い時代のものがいくつか残っている。行司によっては口上をほんの少し現代風に変えることもある。時代錯誤的な表現には抵抗を感じる者もいるし、そうでない者もいるはずで、これらが統一される日がくるのか興味のあるところだ。番付でも旧漢字を使う傾向があるが、常にそうとは限らない。その兼ね合いが面白いのだが、番付の表現が現代の字体に統一される日がくるだろうか。

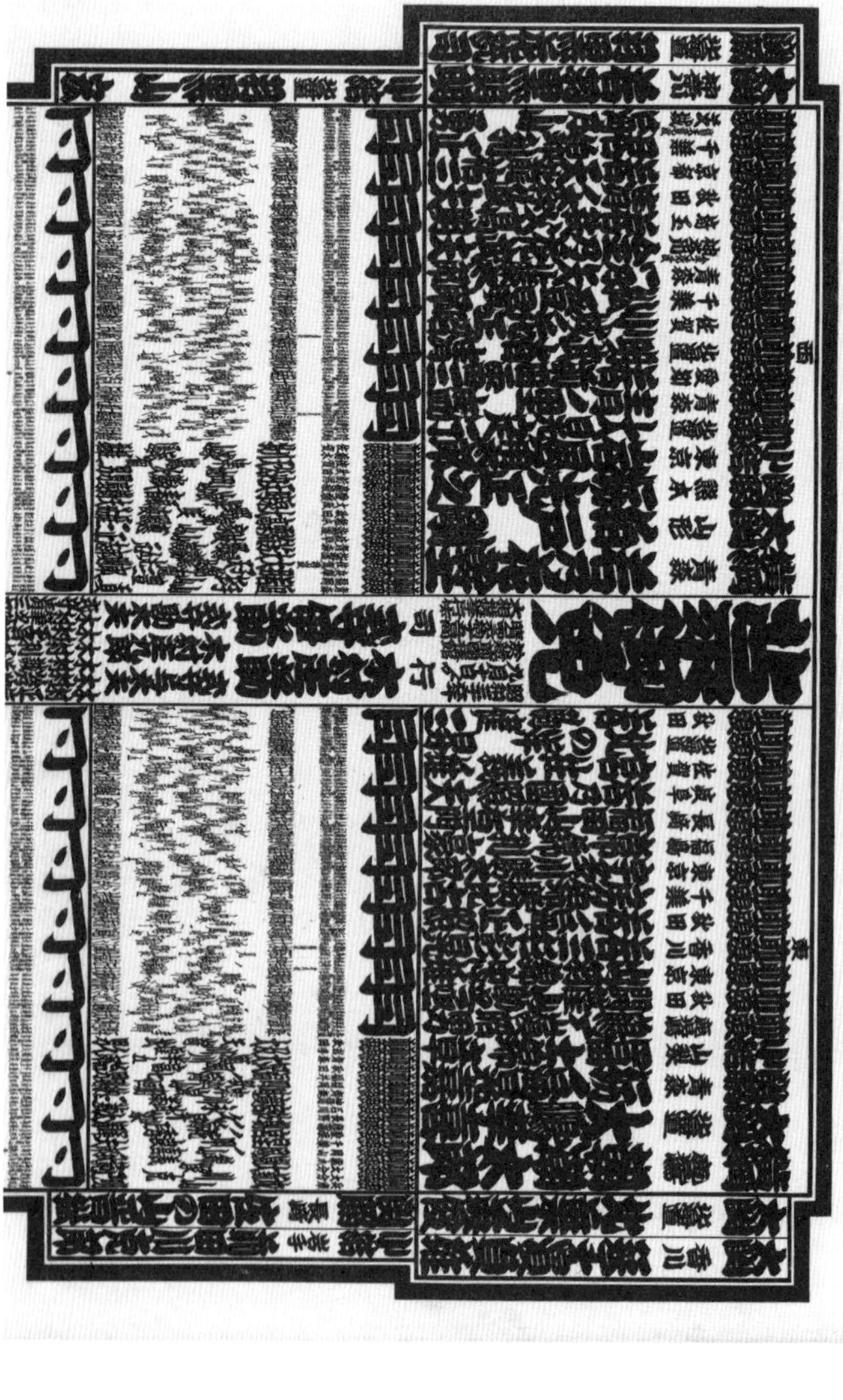

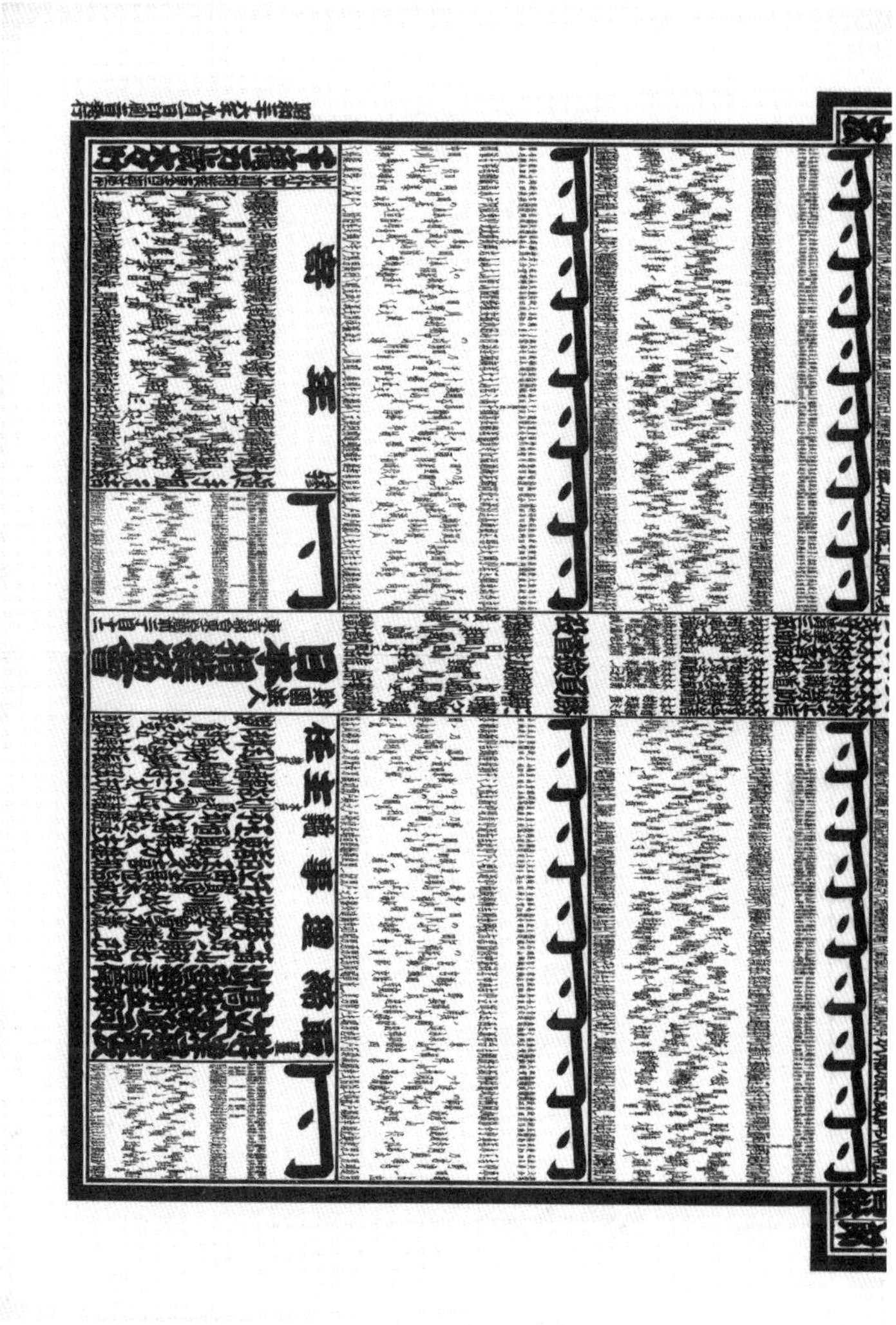

番付（1961〈昭和36〉年9月場所番付）

番付には階級を明確に述べていないものがいくつかある。階級呼称の由来については、基本的に、木村政勝著『古今相撲大全（下巻）』（宝暦一三年〈一七六三〉）や池田雅雄著『大相撲ものしり帖』（一九九〇）に基づいている。横綱、大関、関脇、小結、前頭は力士の上に「頭書」として書いてある。しかし、前頭はあるが、幕内はないし、十枚目もない。これらの階級は現在、実際に存在している。

参考までに記しておくと、南部相撲（南部藩または盛岡藩の相撲）の『岩井流勧進相撲之巻』（生方次郎兵衛著、延宝四年〈一六七六〉一二月）の中に小結、関脇、大関の名称が見える。この『岩井流勧進相撲之巻』が実際に延宝四年に書かれたのであれば、小結、関脇、大関という階級名称はそれ以前から使われていたと言える。もしも南部相撲で延宝四年以前から使われていれば、江戸相撲や大坂相撲でも同時期に使われていた可能性がある。南部相撲は独立した流派とは言え、相撲階級の名称まで独立していたとは考えにくいからである。木村柳全著『相撲強弱理合書』（延享二年〈一七四五〉）によると、小結の呼称は慶安年中（一六四八―五一）の頃にはすでにあったとあるが、その真偽はまだ不明である。

番付に残る以前の名称

番付に以前はあったが、現在はないものがある。それでも、以前の名称をそのまま残していることがある。ここでは二つの呼称を取り上げる。

○「相中」と「本中」

昔は前相撲と序ノ口の間に「相中」「本中」「新序」という三種の相撲があった。相中と本中を合わせて「中相撲」と呼ぶこともあった。相中は天保の頃になくなり、その後、中相撲は本中を示すようになった。本中も一九七三年三月場所で廃止されている。したがって、現在は前相撲だけが残っているが、番付に中相撲の言葉は残っている。前相撲と序ノ口の間の相撲については、枡岡智・花坂吉兵衛著『相撲講本』(一九三五、五六六―七四頁)にも詳しい説明がある。

七．階級名

力士の階級とその呼称について簡単に見ていくことにする。

幕内力士

江戸時代に大名がご覧になる御前相撲や将軍がご覧になる上覧相撲では上位力士は幔幕の内側で控えていた。そのため、最初は「幕の内」と称していたが、そのうち縮めて「幕内」と称するようになったらしい。当時、幕内は「前頭」であり、それ以外の力士は「前相撲」だった。現在でも幕内と前頭両方の言葉を使用している。

十枚目力士

番付二段目に記載されている上位一〇枚目までの力士は幕末から明治初期にかけて関取待遇を受け、本場所の給金として一〇両が支給されていたらしい。塩入太輔編『相撲秘鑑』（一八八六、一二頁）には関取のことを「給金一〇両なり」と記してある。その一〇枚目までの力士を俗に十両と呼んでいたようだ。平山鏗二郎著『東京風俗志（下）』（七七―八頁）によると、一八八四年以降、給金一〇両ではなく、技量に基づいた番付一〇枚目までの力士になったという。

現在、十両力士を正式には「十枚目力士」と呼ぶ。現在は貨幣単位も違うし、十枚目も文字どおり一〇番目までの力士とは限らないので、いずれの名称も現実には一致しない。協会の正式名称を用いるのが正しいが、「十両」も一般的に使われている。本書においても、両方の名称を使っている。

番付で十両力士が明確に表示されたのは一八八九年五月場所番付である。それまで頭書は「同」だったが、初めて「前頭」として記載された。当初は文字の太さに顕著な違いはなかったが、一八九〇年五月場所番付では頭書と四股名がともに太字で記載されるようになった。

幕下

番付の二段目に十両に続いて記載された力士。「幕下二段目」ともいう。江戸時代では二段目の力士も幕内力士だった。したがって、幔幕の内側で待機していたのである。では、幕下は何に由来しているのだろうか。また、「幕下力士」という名称はいつ頃から使われだしたのだろうか。残念ながら、「幕下力士」の由来や起源については必ずしも定かでない。「幕内の下」に位置づけられていたので、それが縮まって「幕下」と呼ばれるようになったのかもしれない。いずれにしても、「幕（の）下」の呼び名は少なくとも寛政期には使われていた。寛政三年（一七九一）六月の上覧相撲を書いた成島峰雄著『すまゐご覧の記』（寛政三年）には「幕下」の文字が見えるし、寛政四年四月の番付の二段目に記載された力士は、「幕下」と呼ばれていた。

番付表の幕下以下の力士の頭書には「同」という文字が書かれている。この「同」は「前頭」を意味する。前頭とは「前相撲の頭」に由来する。

江戸相撲の番付表が縦一枚に書かれるようになったのは宝暦一三年（一七六三）一一月だが、それには前頭の頭書はすべて「同」と書かれている。「前頭」に同じという意味である。この「同」は二段目から六段目まで続いている。このことは、その力士たちがすべて「前頭」であったことを意味する。

現在でも、頭書の「同」は序ノ口まで続いている。それを記された力士は、名義上、「前頭」である。しかし、その中で「幕下」、「三段目」、「序二段」、「序ノ口」と階級が分かれている。力士が書かれている番付の「段」を知っていたら、どの段がどの階級かはわかる。しかし、「段」と「階級」との関係を知らなければ、力士の階級を判別できない。要するに、番付の頭書「同」は昔の掲載方法の名残であり、現在の階級名称と異なるのである。この掲載方法をいつまで続けるのか、また何らかの変更を加えるのかは、興味あるところだ。

三段目

番付の三段目に記載されている力士。幕下力士に次ぐ地位である。『すまゐご覧の記』に「三段、四段、五段、本中、相中、前相撲」などの名称が見られることから、その当時に「三段目」も使われていたと言える。しかし、寛政以前のいつ頃から使われだしたのかははっきりしない。幕末と明治の絵番付で「三段目」という名称は当たり前のように使われている。

序二段

番付の下から二段目に記載されている力士。三段目力士に次ぐ地位である。いつ頃、番付の下から二段目の力士を「二段目力士」と呼ぶようになったかは定かでない。しかし、文久二年（一八六二）春の絵番付には「上二段目」という名称が見られることから、その当時にはすでに存在していたことになる。一八七八年六月と一八七九年五月の絵番付では「上の二段」という名称が使われている。一八八〇年五月、一八八二年五月、一八八六年五月の絵番付でも「上の二段」とある。明治時代の本では、たとえば、岡敬孝編著『古今相撲大要』（一八八五）に「上の二段（四段目）百人」（九頁）という名称が出ている。

序ノ口

番付の最下段に記載されている力士。序二段に次ぐ地位である。文字どおり「序」の口の力士である。江戸時代は出世の上がり口という意味で「上の口」と呼んでいたが、明治に入ってから「序ノ口」と書くようになったという。幕末の絵番付には「上の口」という名称が使われているので、その当時すでにその名称が存在していたことは確かである。前述の『古今相撲大要』には「上ノ口（五段目）百人」（九頁）という名称がすでに出ている。一八八二年五月と一八八六年五月の絵番付でも「上の二段」とともに「上の口」が使われている。

なお、番付の階級名の歴史的経緯については相撲の歴史を扱った本などで断片的な説明がされている。池田雅雄著『相撲の歴史』（一九七七）や『大相撲ものしり帖』（九八―一五六頁）、土屋喜敬著『相撲』（二〇一七、一七三―八五頁）などに詳しい説明がある。

八．番付記載の変化

番付には現在では当たり前になっているが、以前にはなかった表現もある。逆に、以前は当たり前だったが、最近は見かけなくなっている表現もある。そういう例をいくつか示す。

横綱

番付上に「横綱」の文字が現れたのは一八九〇年五月である。当時、三役は東西に一人ずつだったので、西ノ海が「張出し」(正式な表記は「張出」)として欄外に記載されている。西ノ海が張出しとして記載されたことに関しては、エピソードがある。西ノ海は吉田司家《よしだつかさけ》(相撲の司家、宗家)より横綱の称号が授与されていたが、成績が芳しくなかったことから、地位を下げて番付に記載する動きがあった。そのことを事前に知った西ノ海が苦情を申し出たそうである。当時の横綱は非常に権威があり、横綱からの苦情に配慮せざるを得なかった。そのため、西ノ海を慰める意味を込めて、頭書に「横綱」と書き、欄外に張り出すことにし、西ノ海はそれに納得したという。結果として、番付に初めて、地位を表す称号「横綱」という文字が使われた。階級は依然として「大関」のままだが、横綱としての名誉称号を受けていることを番付に記すようになったわけである。これがのちに、横綱を階級として認めるきっかけになっている。

横綱大関

大関が不在になったとき、横綱が大関も兼ねて「横綱大関」として記載されることがある。これは大関は必ず東西にそれぞれ一人はいなければならないからである。たとえば、一九八一年一一月場所で、大関が一人(琴風)だったので、西横綱北の湖が「横綱大関」として番付に記載されている。

横綱大関記載の番付（1981〈昭和 56〉年 7 月場所番付）

張出し

番付表の枠外に張り出すように記載された力士を「張出し」という。番付表に頭書として「張出し」が記載されているわけではない。

一九九四年七月場所以降、横綱を除く力士では「張出し」は見られなくなったが、それ以前はよく見られた。たとえば、一九九四年五月場所では大関武蔵丸（東）と大関若ノ花は張出大関として枠外に記載されているが、七月場所では両大関とも枠内に記載されている。しかし、横綱曙（東）は一一月場所まで枠外に記載されている。番付上は「張出横綱」だが、曙は東の正横綱であった。これは記

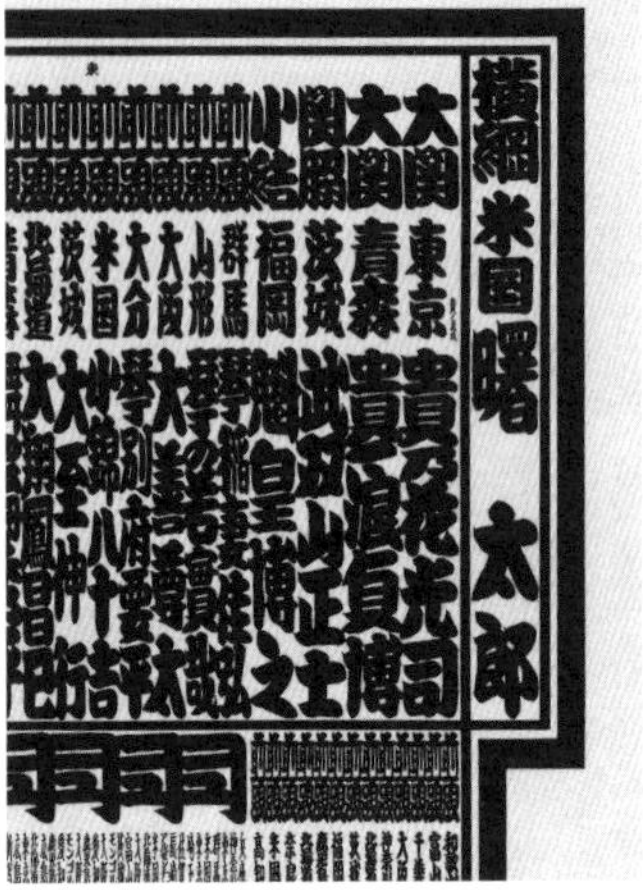

張出し記載の番付
（1994〈平成 6〉年 11 月場所番付）

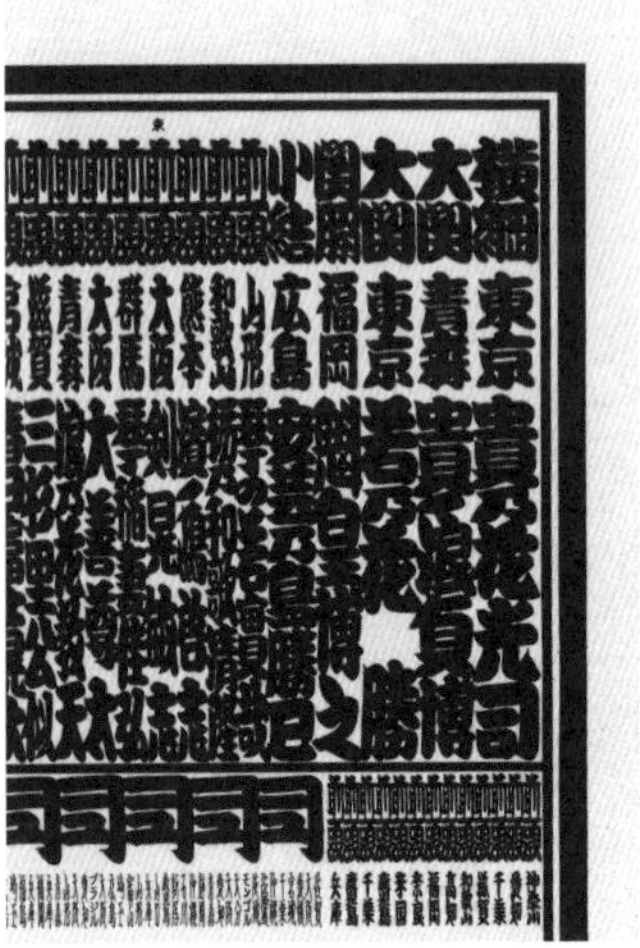

枠内に収める番付
（1995〈平成 7〉年 1 月場所番付）

載方式が変わる過渡期の表れである。一九九五年一月場所以降は横綱も枠内に記載されている。

つけ加えておくと、横綱は番付上不在でもかまわないが、大関は必ず東西に一人ずついなければならないという慣習がある。この慣習は現在でも生きている。実際は、この慣習が守られない場合があった。特に三役は一人ずつという定めがあったため、他に三役に相当する力士が現れた場合、一人を番付枠外に「張出し」として記載したのである。これは三役だけでなく、他の階級でも見られた。定員があれば、「張出し」が使われる可能性は高くなる。張出し制度はいずれ復活するかもしれない。その他の例として戦時中は欄外に応召兵を記載していたこともあるが、軍部の圧力で記載しなくなった。

記載法の変化

行司は番付で山形（あるいは傘形）や平板形で記載されることもあったし、同じ階級の行司が別々の段で記載されることもあった。また、記載される位置がときどき変化したり、上位の階級だけを記載したりすることもある。特に呼出しと床山は番付の記載法が何度も変化している。

九．番付の種類

ここでは、番付の表現法を紹介する。

紙番付

紙に書いてある番付はすべて「紙番付」である。現在一般的な本場所の番付は紙に書いてあるので、紙番付である。

本場所の番付は、たたみ一畳ほどの大きなケント紙に書いた番付を縮小したものである。その元の番付を書くのは行司である。番付書きについては、三六代木村庄之助著『大相撲　行司さんのちょっといい話』（二〇一四、六五―六頁）に詳しい説明がある。

巡業の板番付（1968〈昭和 43〉年）

板番付

板に書いた番付を「板番付」と呼ぶ。本場所中では、正面玄関近くの太鼓櫓に張り付けてある。巡業でも、会場の入口近くに小型の板番付が立てられていることがある。

絵番付

化粧廻し姿の力士を描いた番付である。江戸末期から明治にかけては、芸術的な趣さえする絵番付が残されている。（二九頁）

写真番付

力士の写真による番付。写真が大衆的になった明治後期から現れ、昭和三〇年代（一九五五―六五）まで発行されていた。写真には、普通、キャプションとして力士の体格や略歴などが簡潔に紹介されていた。一九七八年五月場所にも久しぶりに発行されたが、一場所だけで終わってしまい、その後、写真番付は発行されていない。（三〇頁）

以上のように番付の呼び名は書く材質によってそれを冠にし、「紙番付」とか「板番付」と呼んでいる。銅版に書く番付であれば「銅版番付」と呼ぶことになる。また紙番付でも絵で表すか、写真で表すかによって「絵番付」とか「写真番付」と呼んでいるように、表現してあるものによって冠が違ってくる。

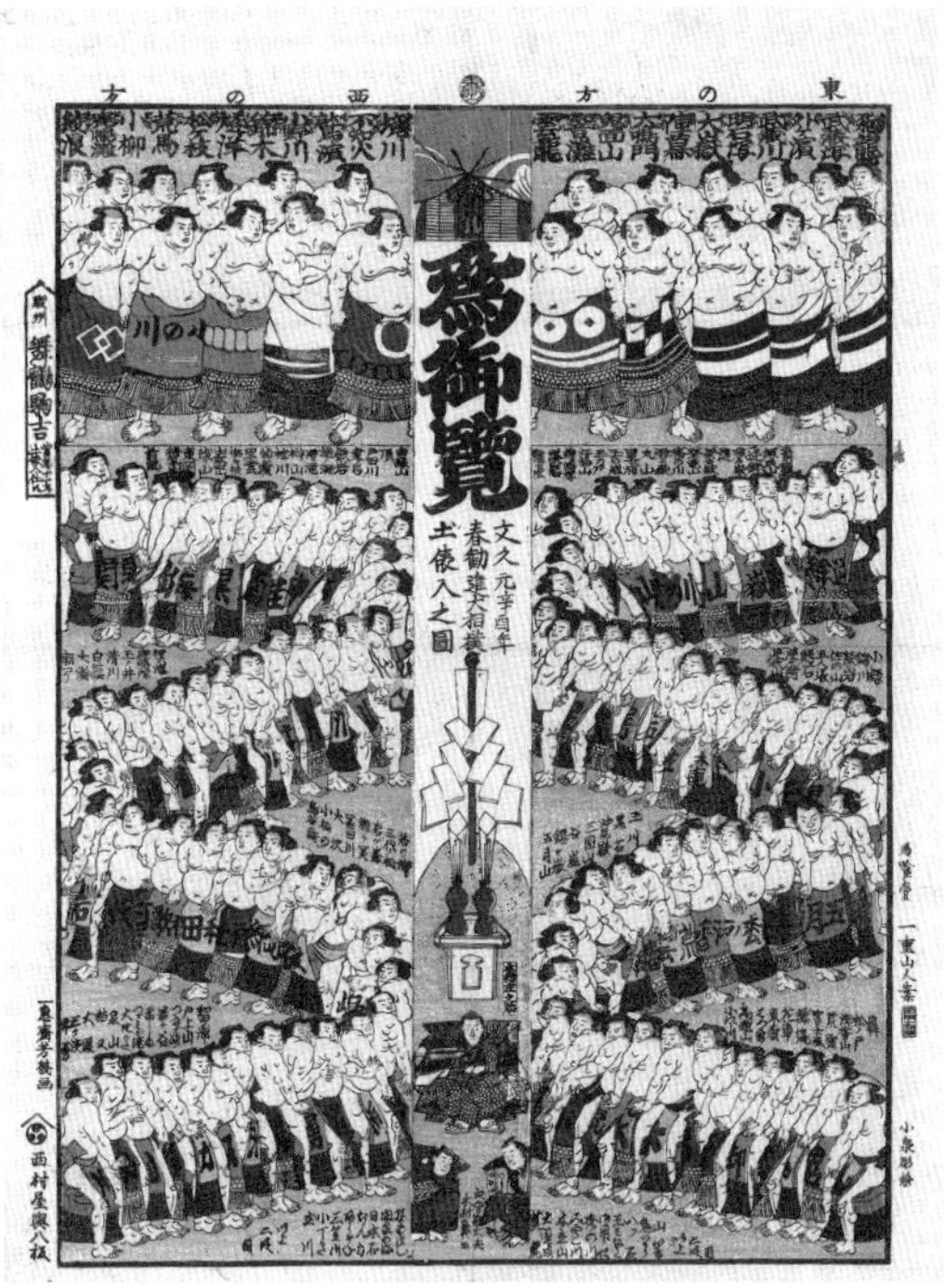

絵番付（文久元年〈1861〉）

相撲の番付を模していろいろなものに等級を付けた「見立て番付」もある。たとえば、「長者番付」、「野球選手番付」、「酒の番付」などがある。どんなものでも等級を付けることはできるので、さまざまな見立て番付がある。

一〇．番付編成会議

番付は本場所の前に発表される。番付に記載される力士の地

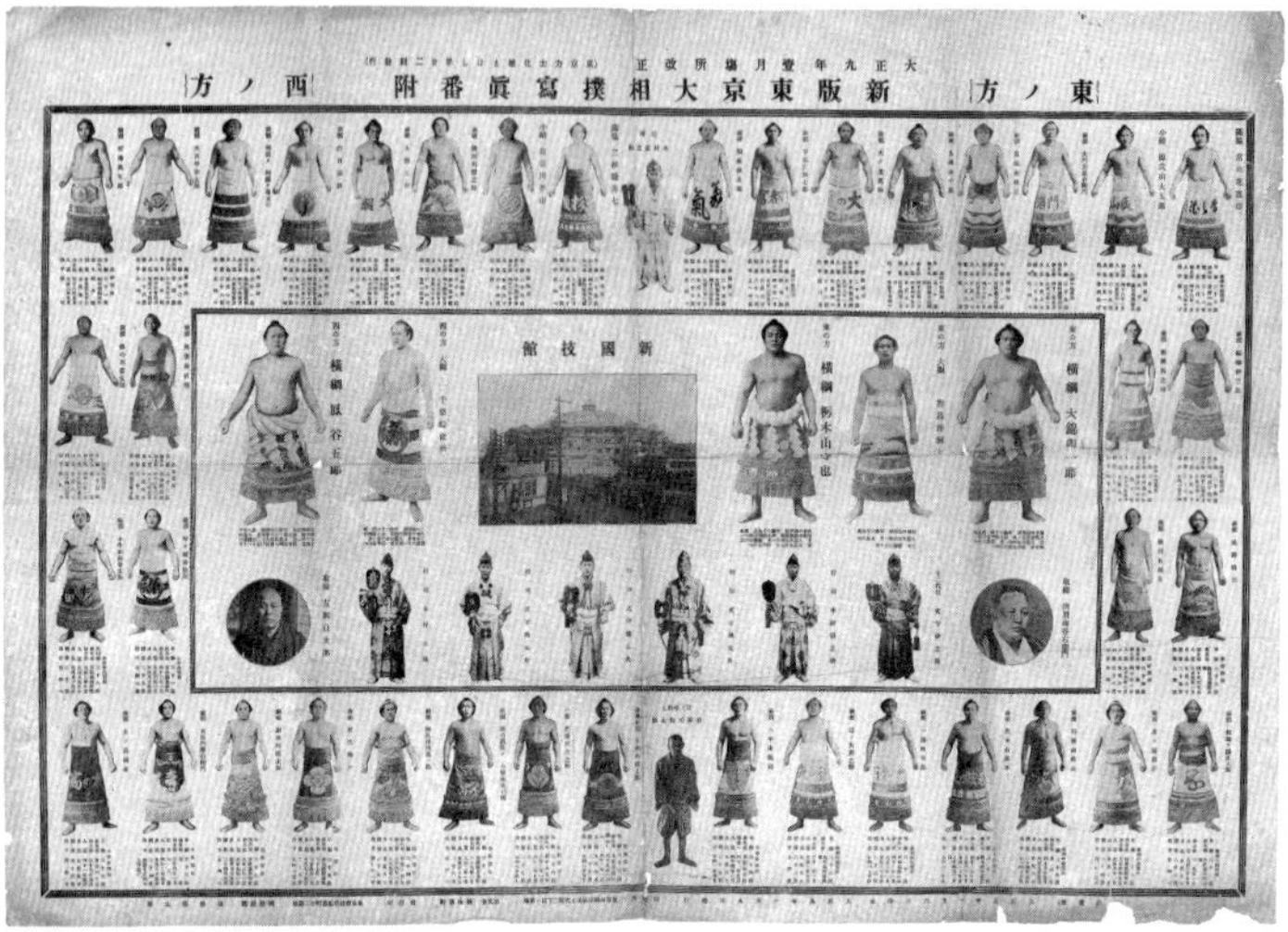

写真番付（1920〈大正 9〉年 1 月場所番付）

位は成績によって決められるので、場所ごとに内容は変わる。それでは力士の成績は誰がどのように評価しているのだろうか。これについては、規約の「番付編成要領」の中に規定されている。

○番付編成要領の規約

①力士の番付は番付編成会議で決める（第一条）。

次の本場所の番付を決める会議があり、それを番付編成会議という。

②番付編成会議は本場所終了後、三日以内に行う（第二条）。

千秋楽は日曜日なので、三日後の水曜日までに会議が行われる。

③番付編成会議には審判部長、副部長、審判部

委員、監事が出席する（第三条）。

この会議では審判部委員の発言が大きく関わっている。

④番付編成会議には書記として行司も出席するが、発言権はない（第四条）。

出席する行司は現在、三名である。

本場所では、幕下以下（力士養成員）の取組は原則として七日間である。ただし、例外的に八日間取ることもある。十両以上の関取は一五日間取る。力士の番付は、この本場所の成績をもとに番付編成会議で決まる。基本的には、力士の勝敗数を勘案して番付の昇降は決まる。

力士養成員の場合は四勝すると勝ち越しとなり、関取の場合は八勝で勝ち越しとなる。勝ち越すと、少なくとも地位が一枚上がる。勝ち越しの数が増えると、それにつれて枚数も上がっていく。逆に、負け越しの数が増えると、それにつれて枚数も下がる。しかし、番付は最終的には相対的なものであって、上位の力士との成績の兼ね合いによって地位は決まる。勝敗の数字はあくまでも目安である。

大関と横綱は、番付上の扱いが関脇以下と少し異なる。たとえば、すでに大関になっている場合、八勝して勝ち越せば、とりたてて番付の昇降が問題になることはない。勝負の様子によって大関としての力量が問題になることがあるが、それは番付の昇降とは別の話である。問題となるのは負け越した場合である。すなわち、七勝もしくはそれ以下だった場合である。関脇以下の力士は負け越した場合、地位が下がらざるを得ないが、大関の場合は、地位が下がるのは二場所連続負け越した場合という特権があるのである。それについては、規約の「番付編成要領」第九条に規定されている。

（第九条）大関は、二場所連続して負け越したときは降下する。

たとえ関脇に降下しても、その場所で一〇勝すればまた大関に復帰できる。これもまた大関の特権である。このような制度になったのは一九六九年七月場所からである。

横綱の場合は、負け越しても降下しないが、自己責任によって引退となることがある。引退条件は規定されていないが、本人が辞めどきを誤ると、横綱審議委員会から引導を渡されることがある。一般的には、世間やマスコミがざわついてくるので、横綱自身も自分の体力や気力を考慮しながら、引退か継続かを決めることが多い。

なお、大関は引退して三年間、横綱は五年間、四股名のまま年寄として協会に残ることができる。

それでは、大関や横綱に昇進する場合は、どうなっているかを見てみよう。規約の「番付編成要領」第五条で次のように規定している。

（第五条）横綱および大関の推挙は、理事会の賛成を経て満場一致でなければならない。

これは新しく大関や横綱が誕生するときの場合である。番付編成会議で大関推薦が決まると、審判部長は理事長に大関昇進の可否を審議するように要請する。理事長は臨時理事会を開催して、大関への昇進を審議する。理事全員の賛成を得て大関昇進が決まると、協会から使者が大関の所属する部屋へ派遣され、大関昇進伝達式が行われる。

使者は二人で、一人は理事、もう一人は審判委員である。慣例として使者の一人は力士の一門が出向くが、規定では、明記されていない。二〇一七年一月二五日の稀勢の里（二所ノ関一門、田子ノ浦部屋）横綱昇進伝達式では理事は出羽海一門の春日野理事（元関脇・栃乃和歌）、審判委員は二所ノ関一門高田川（元関脇・安芸乃島）だった。二〇一九年三月に千賀ノ浦部屋（二所ノ関一門）の関脇・貴景勝が大関に昇進したときは、理事は出羽海一門の出羽海親方（元幕内・小城乃花）、審判委員は二所ノ関一門の西岩（元関脇・若の里）だった。こうした伝達式はテレビでもよく放映される。

横綱や大関の伝達式で述べる口上がよく話題になる。たとえば、横綱貴乃花は「不惜身命」、横綱若乃花は「堅忍不抜の精神」、大関貴ノ浪は「勇往邁進」の四文字語を口上に組み入れている。非常に簡明な口上で済ませる横綱や大関もいる。横綱や大関を快諾するときの決意や心情を表明する口上であり、特別に表現上の制約はない。大事な儀式は伝達式そのものであって、口上はそれに付随する添え物にすぎない。

参考までに、平成以降、大関に昇進した力士の口上をいくつか見てみよう。

①貴乃花　不撓不屈の精神で、相撲道に精進します。（一九九三年一月）
②若乃花　一意専心の気持ちを忘れず、相撲道に精進します。（一九九三年七月）
③出島　力の武士《もののふ》を目指し、精進、努力します。（一九九九年九月）
④白鵬　大関の地位を汚さぬよう、全身全霊をかけて努力いたします。（二〇〇六年三月）
⑤琴奨菊　大関の地位を汚さぬよう、万里一空の境地を求めて日々、努力、精進します。（二〇一一年九月）
⑥稀勢の里　大関の名を汚さぬよう、精進します。（二〇一一年一一月）
⑦豪栄道　これからも大和魂を貫いてまいります。（二〇一四年七月）
⑧高安　大関の名に恥じぬよう、正々堂々、精進します。（二〇一七年五月）
⑨栃ノ心　親方の教えを守り、力士の手本となるように稽古に精進します。（二〇一八年五月）
⑩貴景勝　武士道精神を重んじ、感謝の気持ちと思いやりを忘れず、相撲道に精進してまいります。（二〇一九年三月）

なお、大関に昇格するにはどのような成績をおさめればよいのかについては、厳格に規定したものはない。三場所の成績が評価されることが多いが、何勝以上であれば大関の候補になるという規定がないのである。現在は三三勝をめどにしているが、過去には三三勝より少なくても大関に昇格した力士もいた。たとえば、琴風や大乃国は三一勝、魁傑や玉乃島は三〇勝、若乃花（初代）や鏡里は二八勝でそれぞれ大関に昇進している。大関昇進は横綱昇進より厳格ではなく、そのときの大相撲を取り巻く状況も反映しているのである。しかし、最近では三三勝が一つの目安になっている。大関昇進には勝ち星だけでなく、相撲を取り巻く諸条件が考慮されると言ってよい。

横綱の昇進も番付編成会議で検討されるが、番付編成会議ではあくまでも推薦するか否かを決めるだけである。横綱に推薦することが決まれば、それを理事長に報告する。理事長は横綱昇進の妥当性について「横綱審議委員会」に諮問する。そこで肯定的な返事があると、理事長は臨時理事会を開いて、昇進の可否に答えを出す。理事長から諮問があっても、昇進が見送られることもある。たとえば、旭富士は一九八九年五月、また貴乃花は一九九四年九月、それぞれ三場所通算四〇勝を挙げながら、横綱昇進を見送られている。連続優勝という内規を満たしていないことが理由だった。準優勝や通算成績を考慮するかどうかは常に横綱昇進の論議の的になっている。現在でも誰もが納得する基準があるのかというと、そのような基準はまだ設定されていないと言えるだろう。これは横綱とは何かを問う問題でもある。

理事会で横綱昇進が承認されると、ただちに使者を横綱の所属する相撲部屋に派遣する。そこでは厳粛な横綱昇進伝達式が行われる。使者の横綱昇進の伝達を受けて、横綱がそれに対応した口上を述べる。大関昇進の伝達式と同じで、この様子もよくテレビで放映されている。やはりテレビ等では口上に特に注目しているようだが、大関の場合と同様、横綱伝達式そのものが大事なのであって、そこで述べる口上は特に意味のあるものではない。

横綱審議委員会は一九五〇年に発足しているが、一九五八年一月に改訂された内規には次のように規定されている。

○横綱推挙の条件

①横綱に推薦する力士は、品格、力量が抜群であること。

②審議会としては、大関で二場所連続優勝した力士を推薦することを原則とする。

③第二項に準ずる好成績をあげた力士を推薦するときは、全委員の一致の決議を必要とする。

この内規は一つの目安を示したものであって、絶対的なものではない。たとえば、優勝する前場所の成績は無視してよいのかという意見があるかもしれない。しかし、内規の適用に関して何か問題があったにしても、横綱の推薦については横綱審議委員会の答申が必要である。理事会は横綱審議委員会の答申に関わりなく、独自に横綱を決めることができるが、最近は審議委員会の答申を最大限に尊重している。横綱昇進に関する諸問題については、たとえば、日高将著『横綱昇進』(一九九四)にも詳細に論議されている。

一一．階級による差異

力士には一〇階級あるのだが、その階級の差異は身に着けるものから待遇まで、さまざまなところで現れる。その主なものを見てみよう。

①髪の形　十両以上の関取は大銀杏《おおいちょう》だが、幕下以下の力士養成員は丁髷《ちょんまげ》である。これは土俵や公的な場所に現れる場合であって、私的な場では関取でも丁髷にしていることが多い。

②着物　序ノ口と序二段は夏は木綿の浴衣、冬は単衣《ひとえ》のウールの着物または浴衣。

③羽織　紋付きでない羽織の着用は三段目から。紋付きの羽織袴は十両以上である。この羽織は正装した着物の上に着用する。

④袴　袴は十両以上の関取から着用できる。幕下以下は許されていない。

⑤コートとマフラー　幕下以上が着用を許される。このコート（外套）は寒い季節に着ているものの一番外側に着用するものである。

⑥帯　三段目以下は縮緬《ちりめん》の帯（兵児帯《へこおび》）だが、幕下以上は博多織の繻子《しゅす》（博多帯）である。横綱の帯は本縮緬である。

⑦着流しの着物　自分の四股名や好みの図案などを染め抜いた「着流し」（つまり着物）が着用

できるのは幕内以上の関取である。同じ関取でも十両にはそのような着流しは許されていない。

⑧履物　序ノ口と序二段は素足に下駄、三段目以上は雪駄である。ただし、三段目は畳張りでない雪駄（普通エナメルの雪駄）だが、幕下以上は畳張りの雪駄である。畳張りとは竹皮の細割りを編んだものをいう。

⑨足袋　三段目と幕下は正装の羽織を着るとき、黒足袋を履くことができる。十両以上は正装のとき白足袋だが、そうでないときは黒足袋も履く。足のケガで足袋を履いて相撲を取るときも、幕下以下は黒足袋で、十両以上は白足袋である。

⑩稽古廻し　稽古廻しとは稽古のときに締める廻しのことである。素材は木綿で、十両以上は白色、幕下以下は黒系統の色である。

⑪締込み　締込みとは、土俵で相撲を取るときに締める廻しである。幕下以下は稽古廻しと同じものを締めるが、十両以上の締め込みは絹でできている。

⑫下がり　十両以上の下がりは化粧廻しの共布《ともぎれ》を布海苔《ふのり》で固めたものだが、幕下以下の下がりは木綿の紐で、布海苔のつかない柔らかいものである。

⑬化粧廻し　十両以上は化粧廻しで土俵入りの披露をするが、幕下以下は土俵入りがなく、化粧廻しもない。化粧廻しの下部の「馬簾《ばれん》」で、横綱と大関は紫色を使用できるが、他の関取は使用できない。元横綱や元大関も馬簾で紫色の使用が許されている。

⑭給料　十両以上には協会から月給が支給されるが、幕下以下には支給されない。褒賞金も十両

以上になってから支給される（詳しくは第八章参照）。

⑮付け人　十両以上には付け人が付くが、幕下以下には付かない。

⑯個室　十両以上は個室が与えられるが、幕下以下は大部屋の生活である。十両以上は結婚すると、相撲部屋とは別に自宅に住むのが普通である。

⑰取組数　十両以上は一五日間、毎日取り組む。幕下以下は基本的に七日間だが、上位階級の取組数との調整で八日間の場合もある。

⑱明け荷　十両以上は明け荷を所有できるが、幕下以下は所有できない。明け荷とは竹で編んだ大きな籠（行李《こうり》）で、身の回りのものを入れて持ち運ぶ。

⑲入浴　番付上位から先に入る。十両以上の入浴は付け人が世話をするが、幕下以下は誰も世話をしない。

⑳食事　十両以上では幕下以下の力士が給仕するが、幕下以下は誰も世話しない。ちゃんこ番は三段目までの力士が班に分かれて行い、そのリーダーを「ちゃんこ長」と呼んでいる。ちゃんこ番は三段目までの力士が班に分かれて行う（三三代木村庄之助著『力士の世界』、一四〇頁）。

㉑土俵溜まりの敷物　幕下以下の力士は共用の畳。ただし、十両土俵入り後の上位五番の取組では十両と同じ座布団である。十枚目は共用の座布団、幕内は自前の座布団である。

㉒場所入りの乗り物　東京場所の場合、横綱と大関は自家用車で場所入りができる。力士は自動車の運転を内規で禁止されており、横綱と大関は場所入りするときは別に運転者がいる。

㉓新幹線　十両以上はグリーン車で、幕下以下は普通車である。グリーン車は横綱と大関だけが使用するという時代もあったが、最近は関取以上になっている。親方衆は地位に関係なくグリーン車である。

㉔飛行機　力士は全員普通席である。以前は、横綱と大関はクラスJまたはプレミアムシート（ファーストクラス）対応だったが、身体が大きくなり肘掛けの上がらない上級席を断念したそうである。その代わり、通常三人席を二人、また四人席に三人という具合に少しでもゆったり着席できるようにしているという。親方衆は地位に関係なくすべてクラスJまたはプレミアムシートである。

このように、階級によってさまざまな差異がある。もっと細かく見ていけば、まだまだいろいろな差異を記すこともできる。相撲部屋によっても所属する力士の人数にも差異があり、それは力士の部屋での役割にも影響する。そのため、同じ階級の力士でも部屋によって果たす役割や責務に違いが出てくる。その他、時代によって、たとえば、持ち物などにも変化が見られる。ここに記してあるものは、基本的に、現在（二〇一九年）見られるものである。

話題1　番付表の横綱大関の記載の仕方

横綱が大関より上位の階級であることは一九〇九年二月の「大角力協会申合規約追加」の中で明記されている。

「横綱大関の称号は従来最高級力士と称せしも爾来最高位置の力士と改称す。」

横綱は空位であってもよいし、何人いてもよい。しかし、大関は東西に必ず一人ずついることになっている。原則とし空位はない。それは江戸時代から続いている慣習である。大関が横綱になり、大関に誰も昇進しなかった場合はどうするのか。実は、その場合には横綱が大関を兼ねることになっている。番付上、一人の横綱が同時に二役を兼ねるのである。

一八九〇年五月以前にも吉田司家から横綱免許を与えられた力士は何人かいるが、番付には「横綱」の文字は記載されていない。地位は大関であり、横綱は尊称にすぎなかったからである。たとえば、谷風や小野川は寛政時代に司家から横綱免許を授与されているが、番付には横綱であることは記載されていない。したがって、番付を見ても二人が横綱であることを知ることはできない。その意味

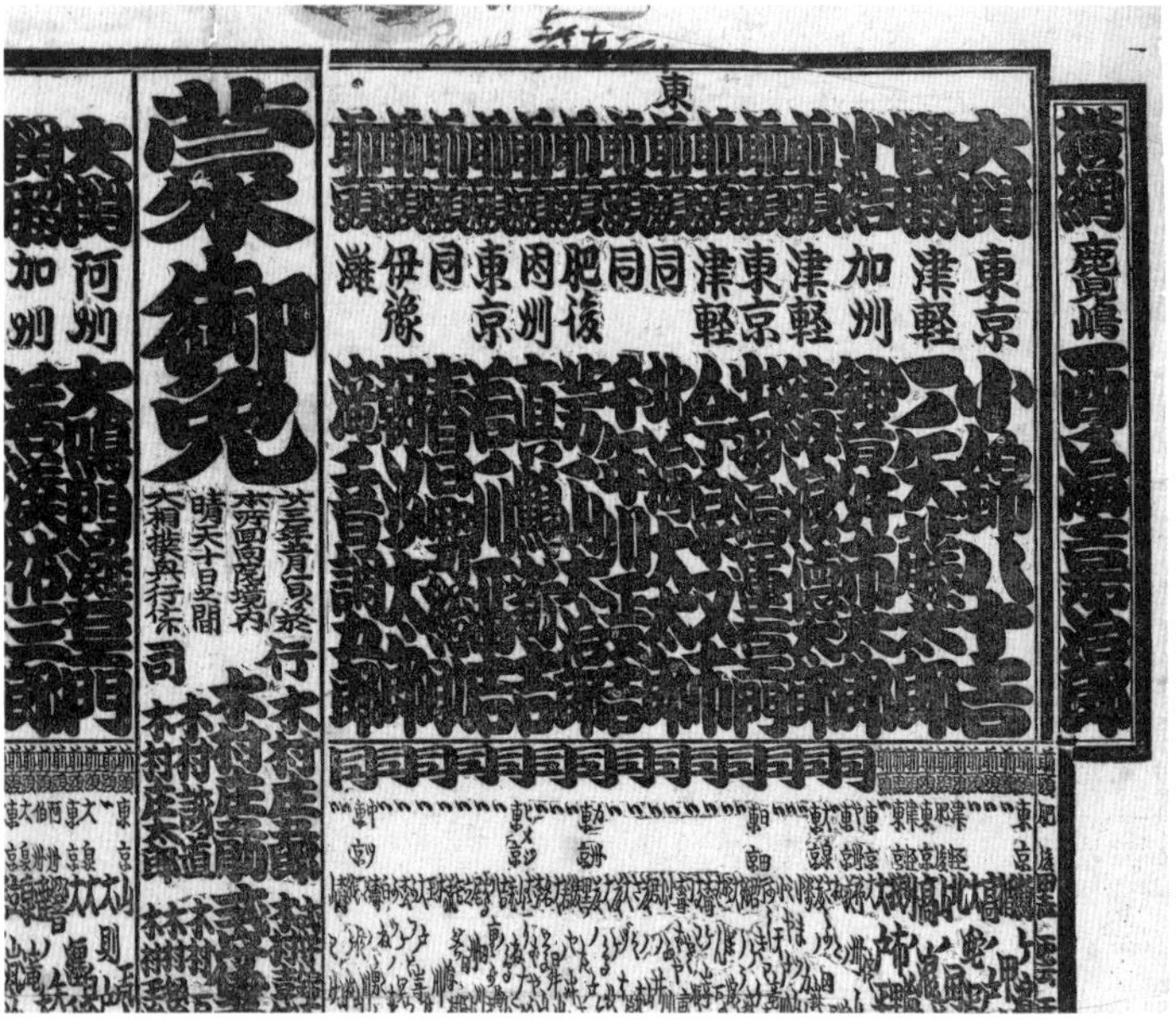

初めての「横綱」頭書（1890〈明治23〉年5月場所番付）

で、番付に初めて横綱の文字が記された一八九〇年五月の番付は貴重だと言ってよい。同時に、その後、大関がいなかったり、横綱が二人以上いたりした場合、番付でそれをいかに反映し、いかに記載するかという問題が出るようにもなった。大関や横綱が常に東西に一人ずついるとは限らないからである。横綱が四人もいるのに、大関が一人しかいないということもある。その場合、どの横綱を「横綱大関」にするかについては、定まった規定はないようである。ちなみに、小野川と谷風は寛政元年（一七八九）三月には二人とも関脇で、翌寛政二年三月に二人とも大関として記載されている。

　いずれにしても、一九〇九年二月以降は、横綱が大関より上位の階級と定めら

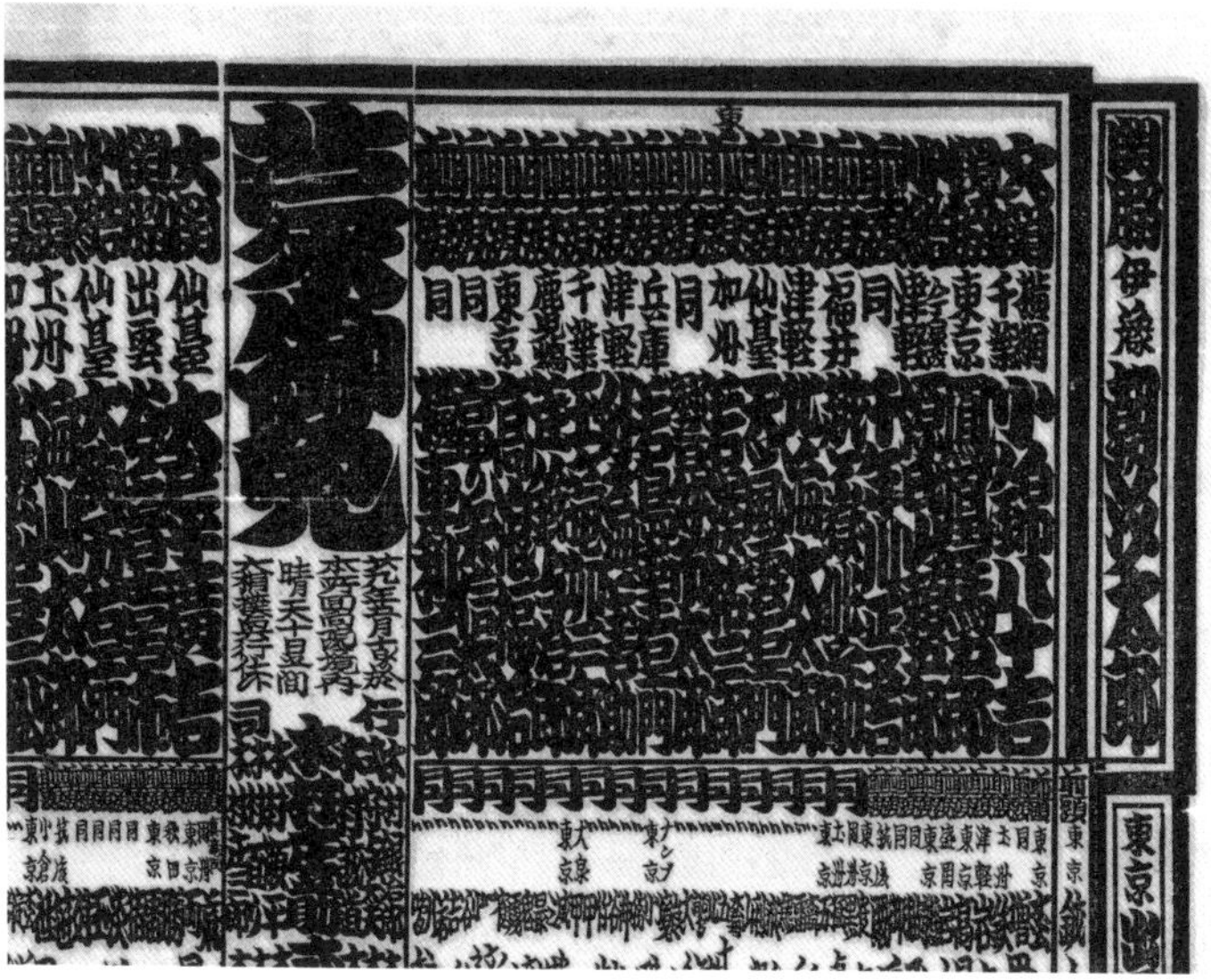

「大関」の下に「横綱　千葉とある」（1896〈明治 29〉年 5 月場所番付）

れたので、大関が空位の場合は横綱がその大関を兼ねて「横綱大関」となっている。現在でもその慣習は生きている。そのような例も数えられないほどたくさんある。実際、番付を調べてみると、横綱大関の記載の仕方は一つではない。ここでは、記載の仕方をいくつか見ていくことにする。

（1）一八九六年五月場所番付には、小錦は出身地「千葉」の右横に「横綱」と書かれている。同様な形式は、一九〇四年五月場所番付でも見られる。梅ケ谷は出身地を表す箇所「越中」の右横に「横綱」と書いてある。一九〇九年二月に横綱が階級として明文化されたあとでも、この形式で書かれた番付がある。たとえば、一九二四年五月場所番付には、常ノ花は「岡山」の右横に「横綱」とあるし、一九三六年五月場所番付では男女ノ川は「常陸」の右横に「横綱」と書かれている。

(2) 一九四三年一月場所、安芸ノ海は階級を表す箇所に「横綱大関」として書かれている。横綱の方が大関より大きめの字になっている。その後、この形式は踏襲されることが多い。たとえば、一九八一年九月場所番付にも東の北の湖、西の千代の富士がそれぞれ「横綱大関」となっているし、一九八一年一一月場所番付では北の湖が「横綱大関」になっている。

(3) 一九五五年一月場所、番付の西には階級名「横綱」が二人書かれ、その左にわずかな空間があるが「関脇」になっている。つまり、階級の箇所に「大関」が記載されていない。「横綱大関」を明確に示す「文字」も見当たらない。わずかの空間がそれを表しているのかもしれないが、それは推測にしかすぎない。しかもその場所には横綱が四人もいた。これは変則的な記載の仕方である。当時の理事長出羽海(元横綱・常ノ花)の指示でそうなったらしいが、それについては、たとえば月刊誌『相撲』(一九七五年二月号)の國立浪史筆「〝横綱大関〟とは何んぞや」(一二二頁)の中にも述べられている。一九五五年九月場所番付でも、西の横綱と関脇の間に「大関」はいない。そこにはわずかな隙間があるだけである。

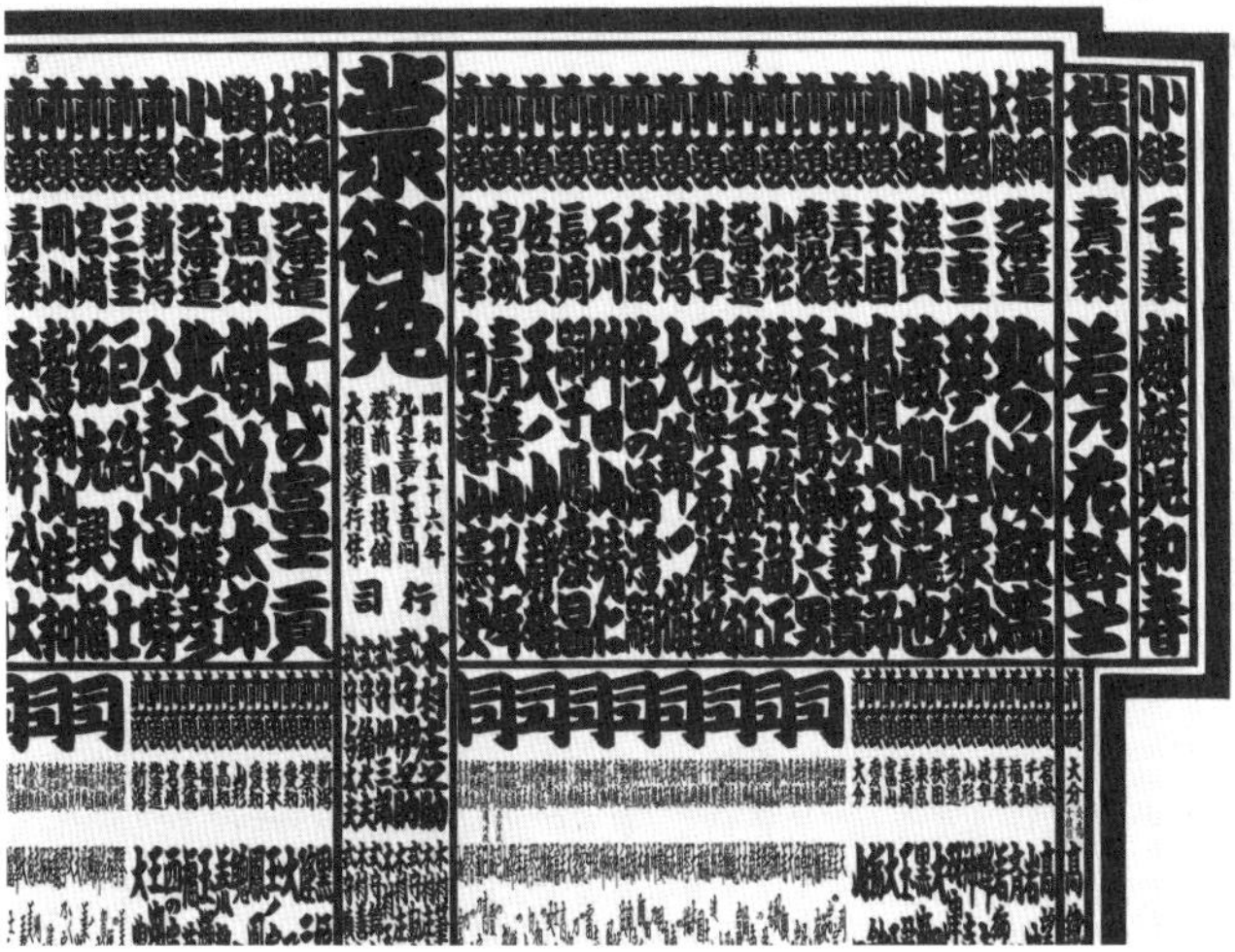

頭書に「横綱大関」とある（1981〈昭和 56〉年 9 月場所番付）

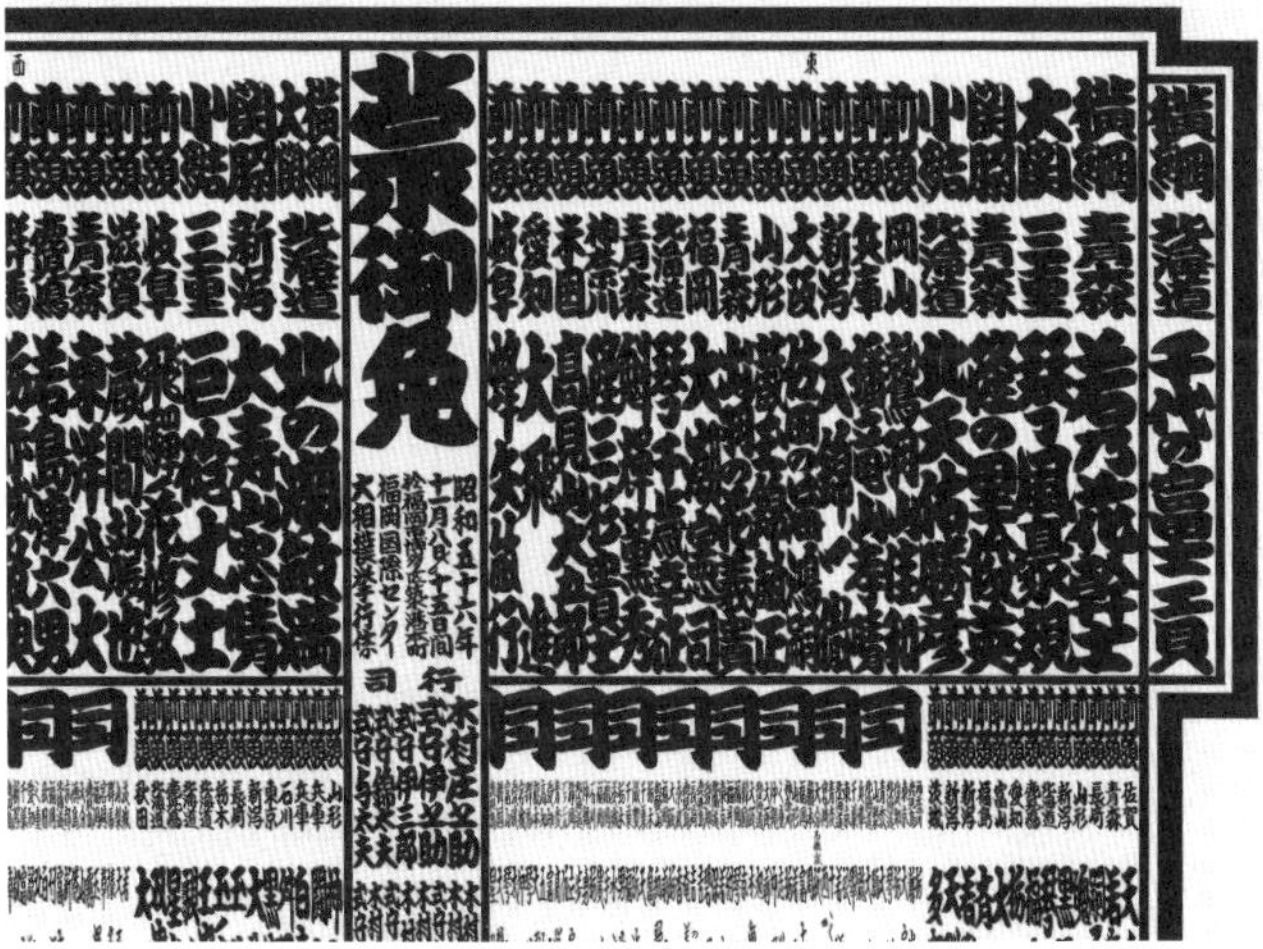

頭書に「横綱大関」とある（1981〈昭和 56〉年 11 月場所番付）

西方の横綱と関脇の間に隙間がある（1955〈昭和30〉年1月場所番付）

（4）一九五九年五月場所、番付の西に朝汐が「横綱大関」と書かれている。これは一九四三年一月場所番付の記載方法と同じである。一九五九年七月場所以降、「横綱大関」を記載した番付は多く見られるが、この形式が最も多く取り入れられている。

細かく区分けしていくと、もっと追加することができる。番付を丹念に見ていくと、横綱大関が過去にどのように記載されてきたかがわかる。どういった横綱たちが横綱大関として記載されてきたか、同一横綱が何場所記載されていたのか、その頃、どういう相撲背景があったのか、その記載の仕方は以前にも使われていたか、それとも新しい記載の仕方なのか、などを見ることができる。そして、番付表を見る楽しみがまた一つ増えるのである。

横綱が大関を兼ねた場合、それがどのように番付で記載されているかを理解するには、少なくとも

横綱大関の記載がある（1959〈昭和 34〉年 5 月場所番付）

二つのことに注意する必要がある。一つは取組に関する制度の理解である。特に取組が東西制（これは力士を東と西に分ける制度）に基づいていた場合、東西いずれかに所属する力士を入れかえることはできなかった。したがって、たとえば大関が東に二人、西に誰もいなかった場合でも、一人を西に回すことはできなかったのである。そのため、西の横綱が大関を兼ねることがあった。そのような例は一九四三年五月（夏）場所番付で見られる。

もう一つは、一九九五年七月に撤廃された「張出し制度」である。張出し制度があった頃、横綱が五人で大関が一人しかいないとき、どの横綱を「横綱大関」として記載したかである。明確な記載方法が定まっていないために、記載方法はバラエティーに富んでいる。「張出し制度」や「取組の東西制」などに関する知識があると、どうしてその番付記載なのか納得することもある。

話題2　外国出身力士の活躍

現在、相撲では外国人力士の人数を制限している。それは、端的に言えば「日本の相撲」を保護するためである。その制限に対しては賛否両論あるが、それは仕方ない。なぜなら「日本の相撲」というのは何なのかを問うことにもなるからである。その問いは今後もずっと続くはずだが、常に異論が出るだろう。人によって相撲の見方は異なり、どの視点から見るかによって答えもおのずから違ってくる。相撲そのものも常に変化しており、昔の相撲と現在の相撲は決して同じではない。外国人力士が加わることによって相撲に変化があったとしても、それは表面的な変化であって、「日本の相撲」の根本を揺るがすものではないのかもしれない。さらに、「相撲の伝統」が崩壊する恐れがあると言っても、「伝統」の捉え方は必ずしも一定ではない。伝統と言われているものも少しずつ変化しているからである。時には大きく変わることもあるし、完全に消えてしまうこともある。外国人力士の枠を設けることの善し悪しを論じようとすると、結局は「日本の相撲」を問うことにもなる。答えが一つとは限らない。

そのような問題があるにしても、現実には人数制限があることは確かである。当初、相撲協会全体で四〇人だったが、その後、各部屋に一人と変化している。人数の次に、力士の「国籍」が問題になる。日本に帰化し日本国籍となった力士をどう扱うかということである。「帰化」した力士は、法的には「日本人」である。そうなると、その力士は「外国人」ではなくなる。つまり、所属していた部屋に外国人として受け入れていたにもかかわらず、「帰化後」は日本人となる。そうなると、その部屋は別の「外国人」力士を受け入れることが可能になる。それを防ぐために、「外国出身」力士という新たな考えが導入された。そうすれば、「帰化」した力士はやはり「外国人力士」の扱いのままである。その結果、所属している部屋は「外国人力士」を新たに受け入れることはできなくなる。

相撲の世界では現在、外国人力士を正式には「外国出身力士」と呼ぶことにしている。「帰化」した力士は法的に「日本人」であっても、定義上は「外国出身力士」なのである。その変化は次の規定に見られる。

①二〇〇二年二月には「外国人力士の採用は各部屋一人」となっていた。

②二〇一〇年二月には「一部屋に外国出身者一人」に変えられた。

現在、一部屋に外国出身者は一人と定められている。しかし、現実には部屋によって二人以上の外国出身者がいることがある。部屋が吸収合併された場合である。そのような部屋は三つある。

・春日野部屋　栃ノ心・碧山（入門時は田子ノ浦部屋）

・友綱部屋　魁聖・旭秀鵬（入門時は大島部屋）。魁聖は日本国籍を取得し帰化している。

・峰崎部屋　豪頂山・荒鷲（入門時は荒磯部屋）

このように、一部屋の外国人力士数の制限を二〇〇二年と二〇一〇年に定めたのは、それ以前に外国人力士が目覚ましい活躍をしていたからである。何らかの制限を設けなければ、「日本の相撲」は崩壊するかもしれないという危機感が協会にあったわけだ。その善し悪しは先にも触れたように、見方によって判断が違ってくる。過去には、たとえば、一九九二年に協会全体で四〇人以内にする申し合わせがあった。その頃、部屋によっては外国人力士が二人以上いた。たとえば、朝日山部屋と大島部屋には六人、東関部屋には七人もいたことがある。その頃はハワイ勢が多かったが、力強い小錦が現れる前は「日本の相撲」を脅かすほどではないと見られていた。

一九九二年以降しばらく外国人力士の採用を自粛していたが、一九九八年頃その自粛が解かれるようになると、今度はモンゴル人力士が増えるようになった。それと同時に、彼らが続々昇格し上位力士になった。その活躍は目を見張るものがあり、日本人力士はいつの間にか劣勢になっていった。この情勢の変化を看過できなくなり、外国人力士の人数枠を検討すべきだという意見が多くなってきた。その結果が、二〇〇二年と二〇一〇年の人数制限となったのである。

現在でも、外国出身力士の活躍は目覚ましい。これは事実である。この状況は朝青龍の横綱誕生以来、ずっと続いてきた。もちろん、相撲は「生き物」と同じようなもので、その間にも変化は少しずつあった。しかも、モンゴル人だけでなく、他の国々の出身力士の活躍も日本人力士と比べれば、優勢であることは誰の目にも明らかである。今後もこの状況がずっと続くかどうかはわからないが、日本の相撲に外国出身力士を受け入れている限り、その存在が大きな影響力を及ぼすことは否めない。将来、新たな人数制限の改変があるかもしれないし、別の改革案が出るかもしれない。将来を予測することはできないが、外国出身力士の受け入れが続く限り、どのような対策を講ずるのがよいかはやはり検討されていくに違いない。

ここでは、二〇一九年五月場所の番付を中心に外国出身力士の状況を概観してみよう。外国出身力士の活躍ぶりは実に顕著である。

外国出身の横綱（二〇一九年五月時点）

力士名	代数	（所属部屋	在位期間）	優勝回数（二〇一九年五月時点）
・曙	六四代	（東関	一九九三・三—二〇〇一・一）	一一回
・武蔵丸	六七代	（武蔵川	一九九九・七—二〇〇三・一一）	一二回
・朝青龍	六八代	（高砂	二〇〇三・三—二〇一〇・一）	二五回
・白鵬	六九代	（宮城野	二〇〇七・七— 　）	四二回
・日馬富士	七〇代	（伊勢ヶ濱	二〇一二・一一—二〇一七・一一）	九回
・鶴竜	七一代	（井筒	二〇一四・五— 　）	五回

ハワイ出身の両横綱・曙と武蔵丸が活躍していた頃は、日本人の二人の横綱・貴乃花と若乃花もおり、相撲人気が大いに盛り上がった。

・貴乃花　六五代（一九九五・一—二〇〇三・一）
・若乃花　六六代（一九九八・七—二〇〇〇・三）

若乃花と貴乃花が引退したあと、長いこと、日本人横綱は誕生しなかった。その間、日本人力士は大関止まりで、横綱だったのは外国出身力士だけだった。しかも、長い間同時に三人もいたのである。出身国がどこの国であろうと、強い力士が横綱になるわけだが、多くの日本人は日本人力士の横綱が誕生するのを待ち望んでいた。その夢を実現してくれたのは、稀勢の里である。稀勢の里が横綱になったのは二〇一七年三月である。横綱貴乃花が二〇〇三年一月に引退してから、すでに一四年が過ぎていた。稀勢の里の横綱誕生は劇的で感動的なものだったが、残念ながらケガのため、横綱としての活躍は長くはなかった。

外国出身の大関

- 小錦（六代）（高砂　一九八七・七—一九九七・一一）優勝三回
- 琴欧洲（佐渡ヶ嶽　二〇〇六・一—二〇一四・三）優勝一回
- 把瑠都（尾上　二〇一〇・五—二〇一三・九）優勝一回
- 照ノ富士（伊勢ヶ濱　二〇一五・七—二〇一七・九）優勝一回
- 栃ノ心（春日野　二〇一八・七—　）優勝一回

小錦はかなり優秀な成績だったが、結局横綱昇格を果たせなかった。横綱になるには、勝ち星がもう一つ足りず、外国人横綱の第一号になる機会を逃してしまった。その後、ケガがなかなか回復しなかったため、成績もあまり伸びず、下位に低迷してしまった。

照ノ富士は大関になってから何回かカド番（本場所において負け越すとその地位から陥落するという状況）となったが、それを乗り越えて大関を維持していた。しかし、二〇一七年一一月場所、ついに関脇に降格した。その後もケガと病気が回復せず、二〇一九年五月現在は三段目にいる（二〇一九年七月場所では幕下になっている）。

把瑠都も将来を期待された力士だったが、膝のケガで相撲を辞めざるを得なくなった。琴欧洲もやはり膝のケガが治らず、横綱を手にすることができなかった。相撲では、ケガのために夢を果たせない力士は多い。これはすべての階級の力士に当てはまる。

二〇一九年五月時点の現役外国出身力士

・横綱　　二名　　白鵬（モンゴル）、鶴竜（モンゴル）
白鵬は五月場所、ケガのため休場した。三月場所で全勝優勝したが、すでに四二回も優勝している。
・関脇　　二名　　逸ノ城（モンゴル）、栃ノ心（ジョージア）
栃ノ心は前の場所（三月場所）まで大関だったが、負け越して関脇に降格した。五月場所で一〇勝以上の成績だったので、規定により大関に復帰する。千秋楽（一五日目）の三日後に開かれる番付編成会議の当日から大関として処遇される。

・小結　　一名　　碧山（ブルガリア）
・前頭　　四名　　魁聖（ブラジル）、玉鷲（モンゴル）、大翔鵬（モンゴル）、千代翔馬（モンゴル）
・十枚目　八名　　旭秀鵬（モンゴル）、東龍（モンゴル）、蒼国来（中国）、臥牙丸（ジョージア）、水戸龍（モンゴル）、荒鷲（モンゴル）、霧馬山（モンゴル）、青狼（モンゴル）

（幕下以下の力士名は省略）
・幕下　　六名　　一名（ハンガリー）、五名（モンゴル）
・三段目　五名　　四名（モンゴル）、一名（ブルガリア）
・序二段　二名　　一名（フィリピン）、一名（モンゴル）
・序ノ口　なし

現在（二〇一九年五月）でも横綱を占めているのは、外国出身力士である。稀勢の里は二〇一九年一月場所中に引退している。しかし、現在の横綱も数年のうちに引退するだろう。その後を誰が埋めるか、その力士はどの国の出身者か、興味のあるところだ。力士の出身国にこだわるのはナンセンスだと本当に割り切れるのなら、外国人力士と日本人力士を区別することもあまり意味のないことかもしれない。

国別力士人数（二〇一九年五月時点）

・モンゴル　二三名
・ジョージア　二名
・ブルガリア　二名
・ブラジル　一名
・中国　一名
・フィリピン　一名
・ハンガリー　一名

合計三〇名

モンゴル出身力士が際立って多いことがわかる。他の国からの力士志願者が増えれば、自然にモンゴル出身力士も減るに違いない。部屋の外国人力士入門者数に制限があるからである。一時はハワイ出身力士が上位で活躍し、その後にモンゴル出身力士が取って代わっている。いずれにしても、これからまだ数年間はモンゴル人力士が大いに活躍するはずだ。

年寄名跡を持つ外国出身親方（二〇一九年五月時点）

・武蔵川部屋の師匠（元横綱・武蔵丸）
・友綱部屋の師匠（元関脇・旭天鵬）
・鳴門部屋の師匠（元大関・琴欧洲）
・錦島親方（元小結・朝赤龍、高砂部屋）
・春日山親方（元前頭・翔天狼、藤島部屋）
（春日山親方は二〇一九年七月二五日付で北陣を襲名している）

過去には高見山が東関部屋の師匠だったこともあるし、小錦が佐野山親方（高砂部屋の部屋付き親方）をしていたこともある。横綱だった曙は横綱として五年間有効の年寄名「曙」として東関部屋で後輩の指導にあたった。横綱は五年間、大関は三年間、それぞれ力士名で年寄としての資格を有している。ここでは、これらの親方は省略している。

なお、日本に帰化した横綱白鵬も年寄名跡を持つであろう。そうなると、部屋持ちの親方になることは確実だ。白鵬の実績はさまざまな記録を書き換えており、相撲の歴史では燦然と輝いている。他にも日本に帰化し、年寄になる外国出身力士は将来増えるだろう。このような外国出身力士の親方が増えれば、その存在はおのずと協会にも影響するはずだ。これから先何かが変わらざるを得ないことは確かである。今後の成り行きを見守っていきたい。（白鵬は二〇一九年九月三日に日本国籍を取得したので、年寄になる資格の条件も満たしている。）

第二章　土俵入り

一．土俵入りの歴史

現在の土俵入りの所作がいつ頃始まったかとなると、その具体的な暦年はわかっていない。土俵入りする力士の数が少なかった江戸時代には、土俵上で四股を踏み、手を大きく広げたりしていた。これは絵図や錦絵などに描かれている。しかし、土俵入りする力士の数が増えてくると、四股を踏んだり手を大きく広げたりするには土俵が狭すぎる。それを避けるために、工夫されたのが現在の所作であるという。これについては、池田雅雄著『大相撲ものしり帖』（一九九〇、六二―四頁）にやや詳しく述べてあり、現在の所作になったのは明治中期である。現在の所作は以前からあった所作を簡略化したもので、次のような対応関係があるという。

○土俵入りの所作

①両手のすりもみと拍手（塵浄水《ちりちょうず》の始まり）。
すりもみすることを「もみ手」という。すりもみから④の手のひらを返すまでの一連の所作を塵浄水という。

②右手を上げる（右手の横に伸ばす代わり）。

③化粧廻しを両手で少し持ち上げる（四股踏みの代わり）。

④最後に両手を上げ、続いて手のひらを返す（塵浄水の終わり）。

力士の土俵入りがいつ頃から行われたかははっきりしないが、おそらく一般のお客に見せる興行になった頃にはすでに行われていたに違いない。たとえば、木村政勝著『古今相撲大全』（写本、宝暦一三年〈一七六三〉）の「大坂相撲土俵入図」の絵図には、力士が体を捩じりながら両手両足を前後に大きく出し、土俵に向かって進んでいる姿が描かれている。土俵入りが当時あったことはこの絵図でも確認できる。

二．幕内・十両土俵入り

幕内土俵入りと十両土俵入りでは力士が整列して順々に土俵に上がるが、その順番は番付表の順位に基づいている。下位から上位の順である。その日の取組順序で登場するのではない。幕下がその日、十両と取り組んでも、十両土俵入りには登場しない。同様に、十両が幕内と取り組んでも、幕内土俵入りには登場しない。あくまでも番付重視である。場所中の奇数日は東方から、偶数日は西方から土俵入りをする。十両土俵入りは幕下取組の五番を残したところで行われ、幕内土俵入りは十両の取組が終わったところで行われる。十両取組の終了と幕内取組の開始の間を「中入り」と呼び、この中入りの間に幕内土俵入りと横綱土俵入りがある。また、審判交替も行われる。時間に余裕があれば、翌日の取組を披露する「顔触れ言上」も行われる。

土俵入りは行司の先導で、呼出しの柝《き》の音に合わせて花道を進む。土俵下まで来ると一旦立ち止まり、場内マイクの紹介に合わせて、力士は二字口《にじぐち》の踏み俵へと進む。場内放送は土俵下で行司が行う。東方力士の土俵入りの場合、行司は青房寄りの土俵下で、西方力士の場合は黒房寄りの土俵下でそれぞれ紹介する（土俵の形式等については二一八頁を参照）。

土俵入りの進行

ここで記す進行は概略的なものである。具体的な進行の様子は、実際の土俵入りを会場やテレビ中継などで自分の目で確かめるとよい。

①場内放送に従い、まず先導行司が二字口の踏み俵から土俵に上がる。その後に力士が続く。放送係の行司は東方土俵入りでは正面の青房寄りの土俵下で、また西方土俵入りでは正面の黒房寄りの土俵下で座り、力士を一人ひとり紹介していく。

②先導行司は勝負俵の外側を反時計回り（左回り）で進む。一周して東（または西）の二字口まで来ると、体の向きを変え、三歩半で土俵中央へ進む。正面を向いた後、後ろに一歩半下がった位置で立っている。

③力士は行司の後に続いて進む。行司が二字口で中央へ向けて進むと、力士の先頭はその二字口付

近で立ち止まり、体を観客に向けて立つ。他の力士も順々にそれぞれの位置で立ち止まり、体を観客に向けて立つ。

④行司は全力士が土俵上に揃うまで中央で立っている。先に土俵に上がった力士も全員が揃うまで体を観客へ向けて立っている。

⑤最後の力士が土俵に上がる頃、行司は蹲踞《そんきょ》する。最後の力士が「シー」という警蹕《けいひつ》を発すると、それを合図に全力士は体の向きを内側に変える。すなわち観客に背を向けて立つ。

⑥内側に体の向きを変えると同時に、土俵入りの所作を始める。

⑦拍手を二回打つが一回目は軽く両手を合わせ、二回目で強く打つ。

⑧力士が拍手を打ち始めると同時に、中央に蹲踞していた行司は軍配の房を左・右に「房振り」する。力士が一連の所作を行っているあいだに、行司は房を折りたたみ、軍配を横に倒し左手で支える。

⑨力士は右手を上げる。左手は下に垂れたままである。

⑩化粧廻しを両手で少しつまみ上げる。

⑪両手を上げる。

⑫力士は左回りに土俵の勝負俵の外側を進む。下りるときは中央の踏み俵ではなく、花道に近い踏み俵である。退場する順序は登場した順序と同じ。行司は最後尾の力士に続いて中央の踏み俵から下りる。上がったときは最前列だったが、下りるときは最後尾となる。

以上のように現在の土俵入りでは行司が先導したり力士が観客に向かって立ったりするが、それが始まったのは一九六五年一月場所である。以前は、行司は土俵上で力士が土俵入りするのを待っていた（詳しくは話題4）。すなわち、行司は力士を花道から先導し、土俵を一周することはなかった。力士が観客に向くようになったのは一九五二年九月場所である。

なお、天皇陛下がご覧になる天覧相撲や皇太子殿下がご覧になる台覧相撲の土俵入りでは「御前掛《ごぜんが》かり土俵入り」と言って、普段の土俵入りとは異なる。その様子を少し紹介しておく。

御前掛かり土俵入りの進行

進行はすべて柝の音を合図とする。奇数日であれば東から上がり、偶数日であれば西から上がる。中央の踏み俵から上がる。

①行司の先導で力士が番付の下位から上位順に花道を進む。全員揃ったところで、貴賓席に向かって一礼する。

②行司が最初に土俵に上がる。東方土俵入りには最前列の東の端に立つ。偶数日には最前列の西の端に立つ。

③力士が一人ずつ土俵に上がり、横列に隊列（四列）して立つ。力士・行司ともに土俵に上がると

き、紹介はされない。
④力士全員が上がり終わる頃、行司は蹲踞する。
⑤最後の力士が警蹕を発する。
⑥警蹕を合図に、力士全員が四股踏みの所作を始める。
⑦力士が四股踏みをしているあいだ、行司は左右に一回ずつ房振りをする。
⑧力士は両手で拍手を一回打つ。続いて右腕を伸ばし、右足で四股を二回踏む。
⑨次に、左腕を伸ばし、左足で四股を一回踏む。
⑩四股踏み後、力士は全員蹲踞する。
⑪行司は立ち上がり、紹介される。軍配は胸付近で支えている。
⑫場内放送で行司の紹介が済むと、立礼し、近くの踏み俵から下りる。花道から帰る。
⑬行司に続いて、力士が一人ずつ紹介される。力士は蹲踞の姿勢から立ち上がり、紹介される。その後、土俵を下りる。
⑭力士を紹介する順序は土俵に上った順序と同じである。紹介が済むと、一礼し、土俵を下りる。行司と同様に、花道から帰る。

土俵に上がる方角や行司が蹲踞する位置は奇数日と偶数日では異なる。行司は東から上がるときは、東側の最前列の左前方で蹲踞する。西から上がるときは、西側の最前列の右前方で蹲踞する。力士も行司も紹介されるときは、蹲踞の姿勢から立ち上がる。紹介が済めば、一礼し、土俵を下りる。上がるときは行司が先導し、力士全員が花道に揃い、立礼するが、帰るときは一人でそのまま花道を退く。

土俵入りの間、節目ごとに柝の音が入る。整然と行われているのは、その音を合図に動いているからである。行司は蹲踞しているあいだ、通常の土俵入りで行う所作をする。たとえば、軍配房を左右に振る。力士の土俵入りは通常の土俵入りとは異なる。

この御前掛かり土俵入りは江戸時代に将軍がご覧になる上覧相撲でも見られた。たとえば、その様子は、成島峰雄著『すまゐご覧の記』（寛政三年〈一七九一〉）に記述されている。細部は少し異なるが、横列に並ぶのは同じである。天覧相撲で見られるこの独特の土俵入りは、江戸時代の上覧相撲の形式を踏襲していると言える。

三．横綱土俵入り

横綱土俵入りは横綱が一人で行う儀式である。幕内土俵入りが終わった直後に行われる。場所中の奇数日には東方の横綱が、偶数日は西方の横綱がそれぞれ最初に登場する。その儀式の順序を示すと、大体、次のようになる。

なお、腕の伸ばし方、指の位置、足の上げ方といった所作は、横綱によって微妙に異なるのが普通である。これらの所作の違いは、許容されている。ここで示すのは横綱鶴竜（雲龍型）と横綱白鵬（不知火《しらぬい》型）を基本にしている。実際、同じ横綱土俵入りの型であっても、細かく見ていくと力士により異なっている。どのような違いがあるかを知るには、動く映像などを見比べるとよい。

横綱には太刀持ちと露払いが介添えとして同伴するが、寛政元年（一七八九）一一月本場所に初めて横綱土俵入りが行われたときは、太刀持ちだけだった。露払いと太刀持ちは土俵下で控えていたこともある。資料を見ると、土俵上で控えるのが定着したのは、横綱雲龍か鬼面山（一八六〇年代頃）以降である。

横綱土俵入りの進行

（1）花道から土俵下へ

①柝の音に合わせて、行司の先導で露払い、横綱、太刀持ちの順で花道を土俵下まで進む。太刀持ちは太刀を持っている。

②東方から登場した場合、土俵下で露払いと横綱は横に少しずれ、太刀持ちが正面寄りに立つ。そうすれば、土俵上で太刀持ちは横綱の右側に座位することになる。西方から登場した場合、その順序を土俵下で変える必要はない。三人が土俵に上がったとき、太刀持ちはその位置で横綱の右側になるからである。

（2）二字口に蹲踞

①行司が先に土俵に上がり、三歩半で中央に進み、正面に向いて蹲踞する。中央へ進むとき、東方から登場した横綱は右足から、西方から登場した横綱は左足から、それぞれ第一歩を踏み出す。露払い、太刀持ちは横綱の両脇で蹲踞する。

②横綱は二字口で少し頭を下げて拝礼する。

③両手を広げてから、拍手を一回打ち、両手をすりもみする。

④再び両手を広げて、拍手をもう一回打ち、両手を開く。

⑤両手を広げて、上を向いていた手のひらを下に返す。塵浄水の仕上げである。

（3）せり上がりの前

①横綱は三歩半で中央に進み、正面に向かって立つ。中央に進むときは、正面側の足を先に出している。

②横綱が正面に進み始めると、行司は二字口の方へ後ずさりし、そこで蹲踞する。

③横綱は拍手を打ち、すりもみ（もみ手を）する。続いてもう一回拍手を打ち、両手を開く。

④右手を広げ、腕を伸ばす。手のひらを回転させ、少し上向きにする。左手は脇腹に軽く添える。四股を踏まない。

⑤左手を広げる。手のひらを回転させ、少し上向きにする。右手は脇腹に軽く添える。

⑥続いて、右足で四股を一回踏む。四股を踏むときは、左手は膝や膝上あたりに置いている。

ここまでの所作はどの横綱も同じである。続けて、腰を割り、せり上がりへと進む。

（4）せり上がり

雲龍型の横綱は右手をやや斜め下に、左を脇腹に軽く添え、両足を小刻みにしながら、腕を下から上へ徐々に上げる。他方、不知火型の横綱は両手を前方下に大きく広げ、両足を小刻みにしながら、腕を下から上へ徐々に上げる。

行司は軍配の房を左・右に振る。房振りが終わると、行司は房を折りたたみ、軍配を横にしてその端を左手で支える。

（5）せり上がりの後

①横綱はせり上がりが終わると立ち上がる。右腕は横に伸び、左手は脇腹に軽く添えたままである。

②左手を上げ、手のひらを回転させ、軽く上向きにする。右手は脇腹に軽く添える。

③右足で四股を踏む。四股を踏むときは、左手は膝や膝上あたりに置いている。四股の後、化粧廻しの下に両手を軽く触れる。横綱によっては軽く持ち上げる仕草にも見える。

④続いて、右手を上げ、手のひらを回転させ、軽く上向きにする。左手は膝や膝上あたりに置いている。

⑤右足で四股を踏む。四股の後、化粧廻しの下に両手を軽く触れる。

（6）二字口の塵浄水

①横綱は二字口へ戻る。その際、東方から登場した横綱は左足から、西方から登場した横綱は右足から、それぞれ第一歩を踏み出す。

②拍手を一回打ち、両手を軽くすりもみした後、もう一回拍手を打つ。これは登場したときの所作と同じ。両手を開いたのち、両手を左右に伸ばし、手のひらを返す。

③土俵を下りる。登場したときの順序と同じように露払い、横綱、太刀持ちとなる。太刀持ちに続いて、行司も下りる。

この儀式における拍手や四股踏みには伝統があり、意義づけもある。寛政五年（一七九三）に出版された式守蝸牛著『相撲穏雲解』には次のような記述がある。この写本は、『VANVAN相撲界』（一九八三年秋季号）に現代語風に訳されて掲載されている。

「もっとも最手《ほて》一人に限り、天長地久の法、横綱の伝ありて、一人の土俵入り。いにしえは方屋入りと言って、土俵に出て手を二つ打つ。乾坤、陰陽、和順なり。足三つ踏むは天地人の三才、智仁勇の三徳。合わせて五つは木火土金水、仁義礼智信の五常なり。初め、横綱を帯して足踏みをなす。（中略）土俵の中央で七度足踏みをし、気を臍下に納む。云々」（九一頁）

つまり、拍手を二回打ったり、四股を三回踏んだりすることには宗教的な背景がある。拍手の回数や四股の回数は常に一定していなかったようだ。しかし、回数の変化は意味づけの変化によるものであって、意味づけを取り除いたわけではない。それに関連したことは、『大相撲』（一九五五年六月号）の酒井忠正筆「横綱土俵入りの型」でも述べられている。

なお、現在は横綱の所作について特別に宗教的意味づけがあるかどうかを問うことはほとんどないが、その源には何か「いわれ」があるかもしれないと思うのは自然である。宗教的意味づけはこじつけかもしれないが、昔の古文書には一つの理由づけが記録されていることは確かである。

横綱免許による横綱は寛政元年（一七八九）一一月に始まっているので、この『相撲穏雲解』の記述はかなり重要である。それ以降、本場所だけでなく、上覧相撲でも横綱土俵入りは行われていた。拍手の回数や四股踏みの回数などは『相撲穏雲解』の記述を基本にしていると言ってよい。

参考までに記しておくと、せり上がる前やその後の「四股踏み」の際、両腕どちらの腕も上げない横綱もいるし、両腕を交互に上げる横綱もいる。腕を上げる場合、足を上げる側の腕を下に垂らす横綱もいれば、肘を曲げて手を乳または脇腹につける横綱もいる。また、足を上げない場合、手のひらを下向きにして腕を伸ばす横綱もいるし、手のひらを上向きにしながら、それを返さない横綱もいれば、それを返す横綱もいる。どのような所作をするかは各人各様である。同じ横綱でもその在位中いつも同じ所作を維持するとは限らず、時期によって所作を変えることもある。

四．横綱土俵入りの型

現在、横綱土俵入りの型は二つある。雲龍型と不知火型である。せり上がりのとき、雲龍型は右手を斜め前方にし、左手を脇腹付近に軽く添える。不知火型は両手を斜め前方に広げる。雲龍型は江戸末期の一〇代横綱雲龍久吉の流儀を基本にし、不知火型は一一代横綱不知火光右衛門の流儀を基本にしている。不知火型は八代横綱不知火諾右衛門の流儀を基本にしているという説もある。たとえば、『読売スポーツ』（一九五五年七月号）の彦山光三筆「雲龍型と不知火型」はその一つで、彦山氏は、不知火諾右衛門の錦絵を証拠として提示している。しかし、一般的には、一一代横綱不知火光右衛門を不知火型の元祖と見なしている。

雲龍型と不知火型に関する歴史的経緯については、たとえば『大相撲』（一九七四年六、七月）の保田武宏筆「明治相撲繁盛記㊳と㊴」（一〇六―一〇頁／一二四―二六頁）に詳しい記述がある。他にも、池田雅雄筆「雲竜・不知火型はあべこべ（上）／（下）」（『相撲』（一九六六年一〇月号／一一月号、一三四―五頁／一四二―三頁）や國立浪史筆「横綱の歴史―その謎」（『相撲』（一九七二年五月、一〇三―一一七頁）などがある。この二つの型の起源に関してはいくつか説があり、どれが事実に即しているかはいまだ決着がついていない。その起源がどの横綱なのか、はっきりしないということである。

横綱がどの土俵入りの型を選ぶかは師匠と相談したり、自分であらかじめ決めておいて師匠の了承を受けたりするようだ。部屋によっては伝統的に先輩横綱の型を受け継ぐ傾向があるが、別の型を選択することもある。たとえば、貴乃花は雲龍型だったが、若乃花は不知火型だった。稀勢の里は雲龍型だが、師匠隆の里は不知火型だった。一般的には師匠の型を踏襲するが、稀勢の里は雲龍型に憧れていたのでそれを選択したと語っていた。

一度いずれかの型を選択すると、横綱を引退するまでその型で土俵入りをするのが普通だが、これは必ずしもそうすべきだという決まりがあるわけではない。実際、本場所以外の巡業や奉納相撲で異なる型で土俵入りした横綱がいる。最近では、北の富士と白鵬である。

北の富士は雲龍型だが、一九七一年八月、秋田巡業中、不知火型の土俵入りをしている。不知火型の玉の海が急病で入院したとき、その応援に駆けつけたが、明け荷の到着が遅れてしまった。それで、急きょ、玉の海の不知火型横綱を締めて土俵入りをしたのである（二つの型では綱の結び方が違うため）。

白鵬は不知火型だが、二〇一一年一一月、大分県宇佐市の宇佐神宮で開かれた宇佐出身の双葉山生誕一〇〇周年の記念祭で雲龍型の土俵入りをしている。双葉山が雲龍型だったので、敬意を表して雲龍型の土俵入りをしたという。白鵬は自ら選んで雲龍型の土俵入りをしたのである。

本場所でも本来の土俵入りの型と違う別の型で土俵入りをした横綱が一人くらいはいたかもしれないと思い、相撲好きの人たちにも尋ねてみたがそのような記憶はないという。実際に行われたのであれば、珍しい出来事なので、相撲の雑誌や新聞などで記録に残っていそうだが、そのような記録は見当たらなかった。見落としているだけかもしれないし、実際に行われたことがないのかもしれない。本場所で本来の土俵入りと異なる型が見られないことから、やはり本来の型で土俵入りすることが暗黙のしきたりになっているのかもしれない。そういう内規はないはずだからである。

横綱の土俵入りに関してはちょっとした噂話がある。不知火型の横綱は短命で終わる傾向があるというものである。これは、もちろん、単なる噂話にしかすぎない。実際、たとえば、白鵬は不知火型だが、長命である。また、たとえば、三重ノ海は雲龍型だが、短命だった。実際の相撲は土俵入りの型の応用だけで取るわけでないのだから、型によって短命だとか長命だとか言うのは迷信である。以前、その傾向がたまたま見られたというのも結果論である。どの型にも短命もいれば長命もいる。強い横綱であれば長命だし、弱い横綱であれば短命である。

なお、奉納相撲と奉納横綱土俵入りについても簡単に記しておく。寺社の境内で神に感謝や祈願の意を込めて行う相撲が奉納相撲である。その奉納相撲で、横綱が綱を締めて土俵入りをすることを「奉納横綱土俵入り」と呼ぶ。この奉納相撲ははるか昔に見られる。神亀三年（七二六）には多くの神社で相撲を奉納したという記録があり、当時から奉納相撲が行われていたのである。その後も絶えることなく続き、各地で奉納相撲が行われている。日本相撲協会は現在、伊勢神宮、明治神宮、靖国神社などで毎年定期的に奉納横綱土俵入りを行っている。相撲と神事との結びつきは大相撲だけでなく、各地の相撲で見られる。その地で行われる神事相撲の形態はさまざまだ。

話題3　横綱顕彰碑と横綱の代数

幕末〈慶応三年〈一八六七〉〉に一二代横綱になった陣幕久五郎が引退後、現在の東京都江東区富岡一丁目、門前仲町駅近くにある富岡八幡宮の境内に「横綱力士碑」を建立するために「横綱力士累代姓名」を作成した。これが横綱に代数をつけた最初の文書である。これは一枚の紙で、初代から一六代までの横綱の四股名と免許の年号が一覧になっている。横綱顕彰碑建立の寄付金を募るために配布する文書の一部として、陣幕が初めて横綱に代数をつけたことになる。横綱力士碑の建立は一八九五年に始まったらしいが、完成したのは一九〇〇年である。

この顕彰碑の表面には「横綱力士碑」の文字、裏面には初代から一六代までの横綱名が刻まれている。

文書の「横綱力士累代姓名」の末尾には「右之年号ハ免許ヲ得タル年ニシテ寛永年間ヨリ明治ニ至ルマテ悉ク集之陣幕久五郎誌」とある。

なお、野口勝一編『陣幕久五郎通高事跡』〈一八九五〉

富岡八幡宮境内の横綱力士碑

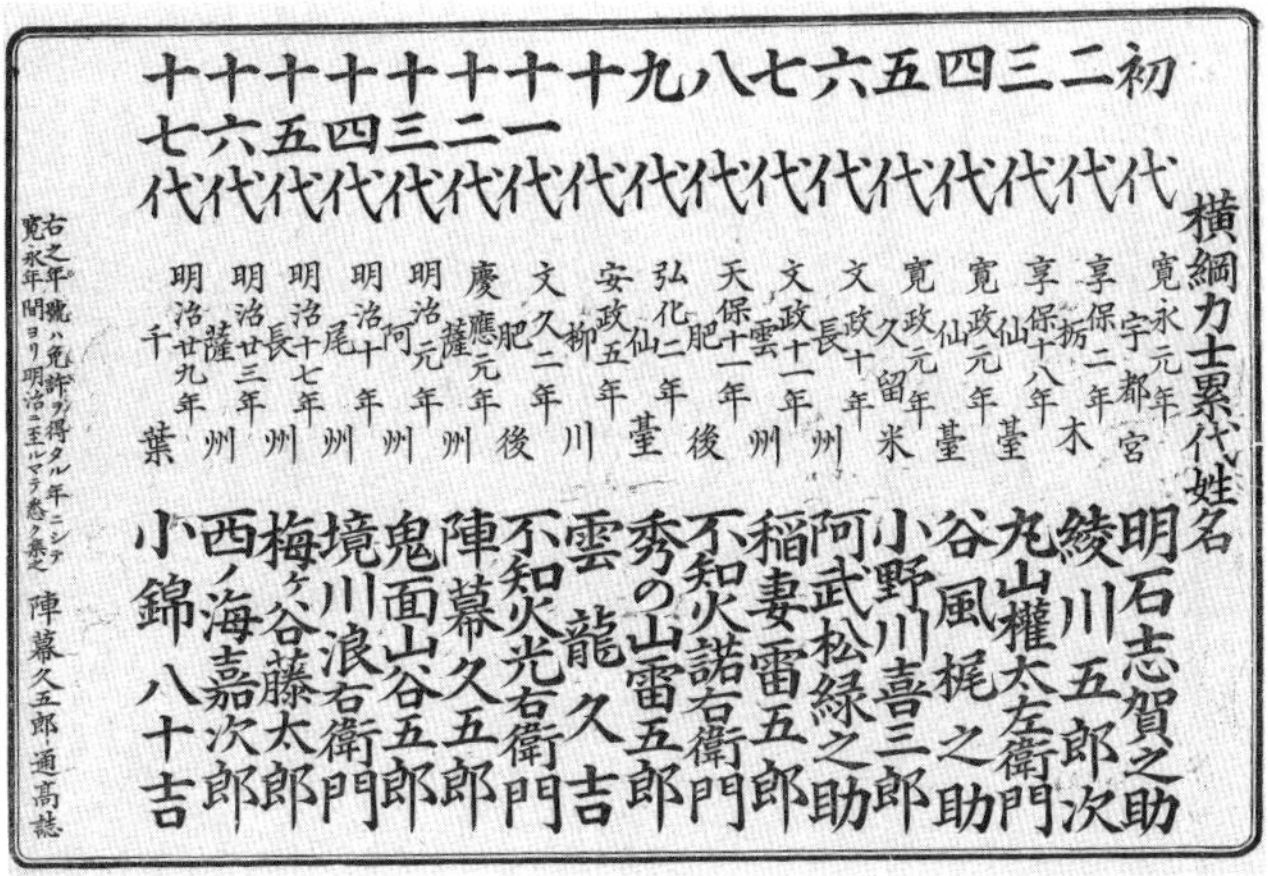

横綱力士累代姓名

初代	寛永元年	宇都宮	明石志賀之助
二代	享保二年	栃木	綾川五郎次
三代	享保十八年	仙臺	丸山権太左衛門
四代	寛政元年	仙臺	谷風梶之助
五代	寛政元年	久留米	小野川喜三郎
六代	文政十一年	長州	阿武松緑之助
七代	文政十一年	雲州	稲妻雷五郎
八代	天保十一年	肥後	不知火諾右衛門
九代	弘化二年	仙臺	秀の山雷五郎
十代	安政五年	柳川	雲龍久吉
十一代	文久二年	肥後	不知火光右衛門
十二代	慶應元年	薩州	陣幕久五郎
十三代	明治元年	阿州	鬼面山谷五郎
十四代	明治十年	尾州	境川浪右衛門
十五代	明治十七年	長州	梅ヶ谷藤太郎
十六代	明治廿三年	薩州	西ノ海嘉次郎
十七代	明治廿九年	千葉	小錦八十吉

右之年號ハ免許ヲ得タル年ニシテ寛永年間ヨリ明治ニ至ルマテ悉ク集之　陣幕久五郎通高誌

横綱力士累代姓名十七代（野口編『陣幕久五郎通高事跡』より）

にも同名の「横綱力士累代姓名」があるが、それには一八九六年に横綱になった一七代横綱小錦が新たに追加されている。

陣幕は横綱の代数を決めるのに際し、当時の相撲協会や吉田司家と相談していない。実際、初代横綱の明石志賀之助は伝説的人物で、その実績はほとんどわからない。「寛永元年（一六二四）」に免許を授与されたという記録もない。また、二代横綱綾川五郎次と三代横綱の丸山権太左衛門は実在し、吉田司家の故実門弟だったが、横綱免許は授与されていない。つまり、初代から三代までの横綱は陣幕が独自に横綱として据えた力士で、横綱免許を授与されたという記録がないのである。たとえば、吉田長孝著『原点に還れ』（二〇一〇、一四四―五頁）には綾川五郎次と丸山権太左衛門は吉田司家の故実門弟として記されているが、初代横綱は名前さえ出ていない。初めて横綱免許を授与されたのは谷風と小野川だが、陣幕の「横綱力士累代姓名」では谷風は四代横綱、小野川は五代横綱となっている。両横綱とも寛政元年（一七八九）に同時に授与されている。

相撲協会は初代から三代までの横綱に疑義を抱いていたはずだが、昭和に入って陣幕の「横綱力士累代姓名」を暗黙に認めたようである。したがって、横綱代数は公的にはこの「横綱力士累代姓名」に基づいている。実際に横綱免許を授与された横綱は谷風と小野川なので、初代横綱は谷風とすべきだという意見も相撲雑誌や書籍などで指摘されている。しかし、陣幕の「横綱力士累代姓名」の初代から三代までの横綱に疑義があっても、それを認めることで特に問題が生ずることもない。そういう伝承があったと解釈すればよいからである。広く認められてきたものが事実に反していても、事実に即した改変をするとなると混乱が生ずることもある。

富岡八幡宮の境内には「横綱力士碑」のほかにも相撲に関する石碑がいくつかある。

- 「超五十連勝力士碑」（五〇連勝以上した横綱の名を刻んである）一九八八年に建立
- 「大関力士碑」（歴代大関名を刻んである）一九八三年に建立
- 「強豪関脇力士碑」（特に優れた関脇を刻んである）一九八七年に建立
- 「巨人力士身長碑」（力士と身長を記してある）一九八三年に建立
- 「釈迦ヶ嶽等身碑」（釈迦ヶ嶽の実弟が建立した碑）天明七年（一七八七）に建立

この神社は江戸時代、相撲と深い関わりがあった。勧進相撲がそこで何十回も行われている。現在でも横綱が誕生すると、「刻名奉告祭」が行われ、新横綱は「横綱力士碑」の前で土俵入りを披露している。

なお、明石志賀之助という力士はその実在がはっきりせず、吉田司家から横綱免許を授与されたり、吉田司家の門弟にも加えられたりした記録もないが、宇都宮出身の実在した力士だと主張する本があるので紹介しておく。それは中村弘著『日下開山　初代横綱明石志賀之助』(二〇一二)である。この本にあるように実在が確認できたとしても、吉田司家から横綱免許を授与されていないことは確かだ。四代横綱谷風と五代横綱小野川が寛政元年に同時に横綱免許を授与された初めての力士なのは明らかだからである。

話題4　行司先導と土俵入り

幕内土俵入りと十両土俵入りの所作は同じなので、ここでは単に「土俵入り」と表記する。その土俵入り様式が現在のようになったのは一九六五年一月場所である。それ以前に大きな変化があったのは、一九五二年九月である。その二つの場所で違いがあったことは、たとえば『昭和の大相撲』(TBSブリタニカ、一九八九)の中の記述に見られる。

「いままでの幕内土俵入りは、力士たちが土俵にぞろぞろ上がり、円陣をつくって、拍手をポンと打ち、化粧まわしの端をつまんで上へ引き上げる動作が終わると、またぞろぞろと土俵を下りた。あまりの簡単さに、客席から笑いが起こるくらいだった。

それが、四〇年（一九六五年：本書注）一月場所から変わった。まず、行司の先導で東方なら東方の全員が花道に並ぶ。場内マイクが地位、しこ名、出身地、所属部屋の順に呼びあげるとひとりひとりが土俵上に上がり、土俵を一周、客席の方を向いて並ぶ。全員そろったところで内側に向き直って、ポンと拍手を打って、化粧まわしの端をつまんで上へ引き上げる。つまり、現在行われている形式になった。」（二三三頁）

一九六五年一月場所の土俵入りについては、当時の新聞にも取り上げられ、その中には写真を掲載しているものもある。

・『サンケイスポーツ』（一九六五年一月一一日）

「この初場所から幕内、十両力士の土俵入りのスタイルが変わった。今までは土俵に上がってそのままの位置で手を切り、横切って土俵をおりたが、今度の新スタイルは土俵上をぐるりと一周してからおりることになった。」

・『デイリースポーツ』（一九六五年一月一一日）

「今場所から十両、幕内力士の土俵入りスタイルが新しくなった。従来は二次口から上がってそのまま後の力士を待っていたが、今度はシコ名を呼び上げられて土俵に上がり、先頭者に続いて外側を向き、土俵をぐるりと一周する。」

行司が先導し、力士がそれに続いている写真は、『スポーツニッポン』（一九六五年一月一一日）に掲載されている。行司が先導する写真は貴重である。

一九五二年九月の土俵入りを取り上げている新聞もいくつかあるので、その中からいくつか示す。

・『朝日新聞（夕刊）』（一九五二年九月二二日）

「従来は丸く内側を向いて並び、大関の『シーシッ』の合図（警蹕《けいひつ》の合図：本書注）で揃って手を打ち、手を上げていたが、（今場所は：本書注）外側を向いているので、この合図がわからずテンデンバラバラ、東西とも不揃いの土俵入りとなってしまった。」

・『毎日新聞』（一九五二年九月二三日）

「初日客席に向かってやった十両、幕内の土俵入りは動作がそろわずまずかったが、この日は一度客席に向かった後、今までの通り内側を向いてやった。動作が一つで見た目にもきれいで評判がよかった。」

一日目で土俵入りの所作が不揃いだったのを、二日目では揃うように修正している。警蹕の合図は現在でも行われていて、最後の力士は土俵に上がるや否や「シーシッ」という声を発する。その合図で客席に向かっていた力士は内側に向かう。その一連の所作が最初の日にはうまくいかなかったが、二日目にはそれがうまくいったようだ。拡声器を使ってタイミングを知らせている。

これらの記事にもあるように、一九五二年九月場所同様に、一九六五年一月にも力士は顔を観客に向けて立っている。しかし、一九五二年九月場所と一九六五年一月場所を比べると、いくつか異なることがあることも容易にわかる。

一九五二年九月場所では行司は力士を花道から土俵まで先導してはいない。行司はどこにいたのかという疑問が生じる。確かな証拠はないが、行司はおそらく土俵上で蹲踞し、力士の登場まで待機していたに違いない。元行司などに確認すると、地方巡業などの土俵入りでそのような体験をしたことがあると語っていたからである。さらに、江戸時代の錦絵には土俵入りを描いたものがいくつもあり、行司は土俵の二字口で待機している。それが一九五〇年代まで踏襲されたのではないだろうか。現在、土俵入りで手を上げたり、指で化粧廻しをつまんだりするが、その「一連の所作」は一九五二年九月にも行われている。

江戸末期の錦絵を見ると、力士は土俵で四股を踏んでいるような動きをしている。たとえば、天保一五年（一八四四）頃の幕内力士土俵入りを描いた豊国画の錦絵（学研『大相撲』、二五〇―一頁）

では両腕を横に大きく広げて、足を上げている恰好で描かれている。相撲の本などでは、実際、力士は四股を踏んでいたと書いてある。

それでは、現在のような「一連の所作」が始まったのはいつ頃だろうか。池田著『大相撲ものしり帖』（六二―四頁）には「明治の中期」に始まったと書いてある。裏付けとなる証拠が掲載されていないのが残念である。

これまで本場所の土俵入りについて、一九五二年九月と一九六五年一月を中心に見てきたが、江戸時代の上覧相撲の土俵入りや明治時代の天覧相撲の土俵入りが勧進相撲と違っていることも確かだ。高貴な人々がご覧になる御前相撲では、力士の土俵上の並び方そのものが違うことはよく知られているが、土俵入りを先導する行司にも違いがあることはあまり言及されていない。御前相撲では、行司が力士を先導するのである。

寛政三年（一七九一）六月の上覧相撲であれば、成島峰雄著『すまゐご覧の記』、また一八八四年六月の天覧相撲であれば、松木平吉著『角觝秘事解』などで確認できる。横綱土俵入りでは江戸時代から、行司が先導するのが原則だが、本場所の土俵入りでは一九六五年九月まで行司は先導していなかった。

話題5　上覧相撲と太刀持ちの帯剣

寛政三年（一七九一）六月の上覧相撲の横綱土俵入りでは露払いと太刀持ちが介添えをしたが、横綱が土俵入りをしている間、二人とも土俵下で控えていた。当時、勧進相撲としての本場所では、太刀持ちは帯剣していたが、上覧相撲ではどうだっただろうか。本場所では寛政三年の頃も露払いがすでに介添えしていたということを示す証拠はないが、上覧相撲では、本場所とは違い、露払いも介添えすることが許されていた。これは上覧相撲を記録した文書や絵図資料で確認できる。それを疑う余地はない。

上覧相撲の模様を描いた文書はいくつかあるが、これらの文書を読んでも太刀持ちが太刀を携えていたという記述はない。ところが、のちに出版された相撲の本の中には帯剣を認める記述がときどき見られる。

なぜ太刀を持っていたという記述になっているのだろうか。考えられる一つの理由は、寛政三年当時、勧進相撲の本場所ではすでに太刀持ちは太刀を携帯していたからである。横綱は土俵入りで帯剣を許されていたので、その介添えとしての太刀持ちは帯剣できたのである。太刀持ちが土俵上や土俵下で帯剣している姿は錦絵でも確認できる。しかし、上覧相撲と勧進相撲の本場所とは事情が違う。

上覧相撲を記録した当時の文書では帯剣の事実を確認できない。また、現在の視点から、過去にそれを投影するのは危険である。事実は違うことがあるからである。過去になかったことが現在は出現していることもある。逆のこともある。また、相撲の種類によって、行われる儀式が違うこともある。勧進相撲では行われるが、上覧相撲や天覧相撲では行われないこともある。その逆も当然ありうる。寛政三年当時、勧進相撲の横綱土俵入りでは太刀持ちは帯剣していたが、上覧相撲では帯剣を許されていなかったかもしれない。また、勧進相撲では露払いが登場しなかったが、上覧相撲ではそれが許されていた。すなわち、勧進相撲の横綱土俵入りでは太刀持ちだけが登場したが、上覧相撲では太刀持ちと露払いが共に登場している。

このように、上覧相撲で太刀持ちが帯剣していたかどうかに関してはまだ不明な点もあるが、帯剣していなかったという見方に軍配を上げておきたい。それには二つの理由がある。

一つめの理由は、勧進相撲の本場所と違い、上覧相撲は特別な相撲だったからである。将軍が間近で相撲をご覧になるので、相撲場では帯剣（真剣）を禁止されていたにちがいない。帯剣できたのは、相撲場の控え室までだったと理解した。帯剣していたことは記録文書で確認できるからである。しかし、相撲を取る土俵上は別であったに違いない。

二つめの理由は、上覧相撲の土俵入りを描いた絵図でも太刀持ちの帯剣をまったく確認できないことである。

これまでは、寛政三年六月の上覧相撲では太刀持ちは帯剣していなかったという立場から述べてきたが、それを覆すような文書が一つ見つかった。それについて簡単に触れておきたい。その文書とは寛政三年から約五〇年後に書かれた『相撲上覧一件』である。これは天保一四年（一八四三）九月の上覧相撲を記したものだが、その中に行司や年寄たちの服装や帯剣に関する記述がある。この文書は古河三樹著『江戸時代の大相撲』（一九四二、三五〇―一頁）に掲載されている。

帯剣に関しては、行司は寛政三年の上覧相撲で帯剣（おそらく木剣）していたという。行司が帯剣していたなら、太刀持ちも当然帯剣していたと判断してよい。太刀持ちは横綱の介添えであり、横綱は当然帯剣を許されていたからである。そうなると、この文書の真実性が問題になるが、それは真実に即していると判断してよさそうである。というのは、必要な物品などを調べてみると、その記述は細かく、しかも正確だと判断できそうだからである。

そうなると、私が長々と述べてきたことは何だったのだろうかという疑問が出てきても不思議ではない。それに関しては、寛政三年の上覧相撲を記した文書や絵図を参照するかぎり、太刀持ちは帯剣していなかったという結論にならざるを得ないということである。もちろん、それには帯剣に関する記述の見落としや絵図の判断ミスがないという前提がある。その前提が崩れれば、結論は異なるものにならざるを得ない。

いずれにしても、寛政三年の頃の文書や絵図では太刀持ちの帯剣を明確に確認できない。絵図は誰の目にも同じように映る。文書の場合は、たまたま帯剣について書いていないのだと判断することもできるが、興味深いことにどの文書でも帯剣のことが書いていないのである。それをどう解釈すればよいだろうか。

話題6　本場所の横綱土俵入りと露払い

横綱土俵入りには横綱の介添え役として太刀持ちと露払いがいる。寛政元年（一七八九）一一月に初めて行われた横綱土俵入りですでに太刀持ちが介添えをしている。では、露払いも介添えしていたのだろうか。当時の文字資料や絵図資料を調べると、その中で露払いを明確に確認できるものが見当たらないのである。ここで、露払いが当時、存在しなかった証拠を提示してみたい。

太刀持ちと露払いを認める文献

本場所の横綱土俵入りについて述べている文献では、上覧相撲の場合と同様に、露払いと太刀持ちは共に介添えし、まったく疑問の余地がないと見なされている。参考までに、そのような文献をいくつか示す。

- 北川博愛著『相撲と武士道』（一九一一）の「土俵の話」（七九—九五頁）。
- 綾川五郎次編『一味清風』（一九一四）の「横綱土俵入りの故実」（一五五—七頁）。

・荒木精之著『相撲道と吉田司家』（一九五九）の「一一　寛政三年の上覧相撲（上）」（五〇頁）。
・『国技相撲のすべて』（別冊相撲夏季号、一九七四年七月）。
・『横綱物語』（ゴング格闘技一〇月号増刊、一九九三）。
・金指基著『相撲大事典』（二〇〇二）の「一人土俵入り」の項。
・吉田長孝著『原点に還れ』（二〇一〇）の「横綱の作り方」の項。

すべてに共通するのは横綱谷風と小野川にはそれぞれ太刀持ちと露払いが介添えしていたことである。

絵図資料と露払い

現在の横綱土俵入りの視点からすると、横綱の前に露払い、後ろに太刀持ちがいるのは至極当たり前である。武士の世界の伝統だったと受け止められている。しかし、寛政元年一一月の本場所七日目（八日目の説もある）に横綱土俵入りが初めて行われたとき、それが現在と同じ様式であったかということには疑問がないわけではない。横綱が土俵上で土俵入りの所作をしている間、太刀持ちが傍に蹲踞していたことは確かである。それを確認できる錦絵もある。しかし、不思議なことに、露払いも介添えしたことを確認できる錦絵が一つも見当たらない。寛政元年一一月場所中の横綱土俵入りを描いた錦絵が少ないことは確かだが、その錦絵のいずれにも露払いが描かれていない。たとえば、そのような錦絵や文字資料をいくつか提示する。

①横綱授与の図。酒井忠正著『日本相撲史（上）』（一九五六、一六七頁）／堺市博物館編『相撲の歴史』（一九九八、三八頁）。

②横綱ノ図（谷風）。寛政元年一一月、春好画／『相撲浮世絵』（一九九八、六六頁）／池田雅雄編『相撲百年の歴史』（一九七〇、五〇頁）。

③横綱ノ図（小野川）。寛政元年一一月、春好画／池田編『相撲百年の歴史』（五四頁）／堺市博物館編『相撲の歴史』（四四頁）。

④「横綱土俵入りの図」。寛政三年春場所（四月）、春英画／堺市博物館編『相撲の歴史』（三八頁）／『国技相撲の歴史』（一二八―九頁）。

⑤自楽子編『増補横綱図式』寛政四年の絵図「土俵之図式」。

寛政元年一一月から寛政四年までの横綱土俵入りでは露払いがまったく登場していない。一枚の絵図でも露払いが描かれていれば、他の絵図では絵師がたまたま描かなかったと推測することもできる。しかし、今までのところ、そのような絵図は一つも見つかっていない。

寛政元年以降や文政元年（一八一八）以降の横綱土俵入りでは確かに太刀持ちが介添えとして登場する。また、寛政三年の上覧相撲でも露払いは登場している。現在に至っても露払いは介添えとして登場している。そのような歴史的経緯を鑑みれば、寛政元年の横綱土俵入りでも露払いが登場していたのではないかと推量しても不思議ではない。しかし、今のところ、その推量が正しいことを示す証拠が何も見つかっていない。

露払いについて書いてきたことが正しいとすれば、その露払いはいつから本場所で登場するようになったのだろうか。上覧相撲であれば、寛政三年六月にはすでに登場している。考えられることは、二つある。一つは寛政四年六月から寛政一〇年一一月の間である。この寛政一〇年に横綱小野川は死亡しているからである。もう一つは文政一一年（一八二八）二月以降である。この一一年に六代横綱阿武松《おうのまつ》が誕生している。それまでの間、新しい横綱が誕生していない。阿武松の横綱土俵入りを描いた錦絵には露払いも描かれているが、おそらく、阿武松が横綱になった頃に描かれたに違いない。それ以降、現在まで横綱土俵入りでは太刀持ちと露払いが介添えとして登場している。

寛政元年（一七八九）の横綱土俵入りで露払いも同伴していたような錯覚を起こさせる錦絵がある。その錦絵は、たとえば、池田編『相撲百年の歴史』の一一頁に「横綱土俵入」（春英画）として掲載されている。土俵入りをしているのは谷風で、その右横の力士が露払いのように見える。左後ろには太刀を持った力士がいる。谷風の右後ろには行司が蹲踞しているが、おそらく七代木村庄之助である。

露払いのように見える力士は、実は、谷風と同様に、新しく横綱を授与された「小野川」である。他の錦絵に描かれている小野川と同じ容貌である。腰回りに横綱を締めている。これは谷風とまったく同じである。横綱以外に「横綱」を締めて土俵に登場する力士はいないのだから、右側の力士は小野川以外にはありえない。

新しい横綱を同時に授与されて、土俵上に二人同時に登場し、それを披露しているのである。一方の谷風が土俵入りの所作をしているあいだ、小野川はたまたま谷風の右横に蹲踞しているにすぎない。それが露払いのように見えるだけである。太刀持ちは一人しか描かれていないが、実際は二人いたに違いない。一人はたまたま錦絵に描かれていないだけである。つまり、谷風の右側に蹲踞している力士の顔や風貌が小野川とまったく同じであること、また谷風と小野川が同じ横綱を締めていることなどから、谷風の右横に蹲踞している力士が谷風の露払いでないことは明らかだ。本来の露払いは「横綱」を締めることはない。

この錦絵は露払いの存在を描いているように誤解される可能性があるので、それは、実は、正しくないことをあえて指摘しておくことにする。

第三章　取組

一．取組の規則

力士は土俵で勝敗を決する戦いをするが、どのような空間でどのような競技をするかは、規約の中の「相撲規則」に詳しく明文化されている。相撲の取組で必要な規則が細かく明文化されているので、これらの規則を知ることは非常に大切である。規則があって、取組が成り立つからである。本場所の取組もこれらの規定に従って行われる。主な規則として次の六つが挙げられる。

○六つの規則

①「相撲規則　土俵規定」（第一条―第一一条）
②「相撲規則　力士（競技者）規定」（第一条―第八条）
③「相撲規則　勝負規定」（第一条―第一七条）
④「審判規則　審判委員」（第一条―第一二条）
⑤「審判規則　控え力士」（第一条―第六条）
⑥「審判規則　禁手反則」（第一条―第二条）

相撲を規定している規則は、もちろん、他にもたくさんある。規則についてもっと詳細に知りたければ、たとえば、『国技相撲のすべて』（一九九六年一一月）の「財団法人日本相撲協会寄附行為施行細則」（一五四―六六頁）がある。現在は、日本相撲協会は「公益財団法人」なので、「寄附行為」に相当するものは「定款」という名称になっている。この「定款」はインターネット上で見ることができる。

二．取組にかかわる人々

1　審判委員

勝負を判定する者を審判委員と呼び、どの階級の取組でも五人一組になって土俵下に座っている。これは一九七三年九月から実施されている。以前は、力士の階級によって審判委員の人数が変わることもあった。協会規約「審判委員」第一条によると、幕内と十枚目は五人または四人で、幕下から序二段までは三人ずつである。しかし、階級によって一組の代表となる委員が異なる。幕下以下の取組では定まった審判長がおらず、交代で各委員が代表となる。十両以上の取組では審判長が最初から定まっている。その審判長になるのは審判部長一人、審判副部長二人である。代表者は正面に座る。

審判委員は正面に一人、東に一人、向正面に二人、西に一人座る。向正面では赤房下に一人、白房下に一人である。赤房下の審判委員は時計係も務める。各委員は取組表を持ち、勝負が決まるたびに勝敗を記入している。これは勝負記録係に報告するためである。審判委員は紋付き羽織袴で白足袋を履くことになっている。控えの座席までは草履を履いているが、着席中は履かずに傍らに置いている。

審判委員の大きな役割は取組の一部始終を見て、公明正大に判断を下すことである。たとえば、行司の裁きに異議があれば、直ちに手を挙げる。控えにいる力士も挙手で合図を行い異議を唱えられるが、そのような情景はめったに見られない。最近では二〇一七年五月場所一二日目に横綱鶴竜と関脇豪栄道戦で控えの白鵬が物言いをつけている。それ以前には、一九九六年一月場所九日目の土佐ノ海と貴闘力戦で貴ノ浪が物言いをつけている。審判委員は行司の裁きだけに異議を唱えるのではない。反則があったと思えば、それにも異議を唱える。行司は勝負の判定はするが、反則の有無は判定しない。それをするのは審判委員である。異議があると、審判委員は土俵上で協議し、審判長が最終的な判定を下す。協議にはビデオ室の意見も参考にしているが、最終的な判断を下すのは審判長である。ビデオを参考にするようになったのは一九六九年五月からである。協議の裁定には三通りある。

○三通りの裁定

・軍配通り

行司の裁定は正しい。

・行司（軍配）差し違え

行司の裁定は誤りである。

・同体取り直し

再度、相撲を取り直す。

審判委員は全部で二〇人である。五人一組なので、四組でローテーションしながら取組の進行を見て裁定を下している。審判委員は理事長の任命だが、事実上、各委員は基本的には一門から推薦されている。審判部長や副部長は理事長の任命である。立行司は差し違えをすると当日、審判長と行司監督を伴い、理事長に口頭で陳謝する。

なお、現在の審判委員に相当するものは、江戸時代には「中改め」と呼ばれていた。この「中改め」は土俵四隅の四本柱を背にして土俵上に座っていたので、「四本柱」とも呼ばれていた。

2　行司

行司は「軍配差し違え」や「同体取り直し」の判定に不満があっても、それに従わなくてはならない。この判定を巡って、過去には立行司が辞職するという悲劇も起きている。立行司は差し違えをすると、進退伺いを出さなくてはならないからである。一七代木村庄之助は差し違えの責任を取って辞職し、二五代木村庄之助は裁定に不満を抱きながら辞職した。一九代式守伊之助は物言いがつき、強硬な抗議をしたために出場停止処分を受けている。進退伺いは二五代木村庄之助までは文書で提出していたが、二六代木村庄之助からは口頭で行うようになった。

三．取組の手順

朝一番の取組は次のように始まる。

①呼出しが四股名を呼び上げる。

②二字口の行司は中央へ進み、正面に軍配を垂直に立て「とうざーい（東西）」という口上を大声で発する。この口上は行司をよく注意して見ていないと、それに気づかないくらい一瞬の出来事である。「東西」は方角を表し、「会場の観客の皆さん、注目してください。これから相撲の取組が始まります」と全員に呼びかける掛け声である。これは四〇代式守伊之助に教えてもらった。観客に呼びかけ、取組の開始を宣言する口上なのである。最初の取組を「初口《しょっくち》」と呼ぶこともある。

③行司は奇数日なら東の方へ、偶数日なら西の方へ、軍配を差し出し、四股名を呼び上げる。

その後の手順は以下に述べる取組の手順とまったく同じである。これ以降は、主として、幕内力士の取組の手順をできるだけ詳しく説明する。なお、幕内力士の取組とそれ以外の力士の取組の違いは、大雑把に言って、仕切り制限時間の差である。また、十両以上の取組と幕下以下の取組の違いは、塩まきの有無である。土俵下の水、塩、紙や容器などはほとんどすべて、呼出しが準備し揃える。

取組の流れ

幕内力士の取組の流れを見てみよう。これは大体の流れである。細かい流れはテレビ観戦や本場所観戦などで実際に確認することを勧める。ここに記されていることがすべてではないからである。注意深く力士の所作を見ていると、力士によって所作や間《ま》の取り方などにも個性があることに気づくはずである。

(1) 力士が土俵溜まりの控えに入る前に、付け人が力士専用の控え座布団を準備する。十両では共同の控え座布団を使用するので、幕内と違い、座布団の取り換えはない。

①付け人は水桶手前にいる呼出しに控え座布団を手渡す。
②呼出しはその座布団を取組中の力士が座っていた座布団と交換する。
③交換した座布団は水桶前にいる付け人に手渡す。
④付け人はその座布団を持って、花道を退場する。
⑤付け人は花道の奥にいる力士の付け人に座布団を手渡す。

(2) 座布団が敷かれると、力士が花道から登場し、控えに座る。

①呼出しが東西の力士を呼び上げる。
②行司は立ち上がり、向正面中央の上がり段から土俵に入り、二字口で立つ。
③東方力士と西方力士はそれぞれ中央の上がり段から上がる。
④力士は東と西の二字口で立つ。行司は中央の方へ進んでいる。
⑤両力士はお互いに軽く立礼する。目礼でもよいことになっている。

（3）力士は立礼後、二字口を離れる。
①東方力士は赤房下、西方力士は白房下の方へ、それぞれ行く。
②力士は観客に顔を向けて立つ。
③拍手を打ち、四股を二回踏む。最初に右足で、次に左足である。

（4）力士は蹲踞し、力水を付けてもらう。
①呼出しが水桶から柄杓《ひしゃく》で水を汲む。
②その柄杓を水付け役の力士に手渡す。
③水付け役の力士はその柄杓を土俵上の力士に手渡す。
④力士は柄杓を受け取る。

（5）口をすすぐ。
①力士は水桶近くで蹲踞《そんきょ》する。
②呼出しは水付け役の力士に力紙（化粧紙）を手渡す。
③水付け役の力士はその力紙を土俵上の力士に手渡す。
④力士はそれを受け取り、口を拭く。

（6）塩まきに入る。
①力士は立ち上がる。
②塩をつかみ、勝負土俵に塩をまく。力士によっては土俵にまく前に、自分の体に塩を振りかける者もいる。
③塩をまいた後は、二字口に行く。

（7）蹲踞して「塵《ちり》を切る」。この行為を「塵浄水《ちりちょうず》」ともいう。
①両手を真下に垂らす。同時に、軽く一礼することもある。
②顔の前で両手をすり合わせる。両手の上下の位置はさまざまである。
③拍手を一回打つ。
④両手を真横に大きく広げ、手のひらを上に向ける。

⑤上に向いていた手のひらをパッと下向きにする。

この辺りで控え力士の付け人が座布団を持ってくる。呼出しがタオルとともに受け取り、土俵上の力士の場所布団と交換する。また、呼出しが懸賞旗を持って土俵上を回るのもこの辺りである。

（8）塵浄水の後、塩籠のほうへ向かう。

①塩をつかんだ後、土俵に向かい、塩をまく。
②中央の仕切り線を挟んで両力士が立つ。
③四股踏みを二回する。最初に右足で、次に左足である。
④蹲踞の姿勢を取る。
⑤立ち上がり、立つ姿勢を取る。
⑥行司は「構えて」という立ち合いの掛け声を発する。
⑦力士は仕切りの動作に入る。手の位置や足の位置、腰の姿勢などを決める。

次に取組む力士が入場する。審判委員の前を通るときは軽く手刀を切る所作をすることが多い。最初の仕切りで立ち合ってもよいが、そういうことはめったにない。制限時間内で仕切り直しを繰り返すのが普通である。二回目の仕切り以降は、塩まきから中央の仕切り線へ向かう。すなわち、二字口へ行かない。また、仕切り線を挟んで四股踏みもやらない。仕切り線まで行くと、蹲踞の姿勢から一回目と同じ所作⑤〜⑦を繰り返す。仕切り直しは時間の調整で四、五回繰り返すこともある。

（9）制限時間で立ち合いが始まる。勝敗は行司の「勝負あり」という掛け声で決着する。

①勝敗が決着すると、両力士はそれぞれ元の二字口に戻り、立礼する。
②敗者は赤房下か白房下近くの上がり段から土俵を下りる。
③敗者は土俵下の花道付近で礼をし、引き揚げる。
④勝者は二字口で蹲踞し、行司から勝ち名乗りを受ける。
⑤勝ち名乗りを受けると、右手を右下へサッと下げる。
⑥懸賞が出ていると、左、右、中央の順で手刀を切って受け取る。
⑦立ち上がり、赤房下か白房下近くの上がり段から土俵を下りる。
⑧次の取組の力士に力水をつけたあと土俵下の花道付近で礼をし、引き揚げる。

これで一つの取組が終了し、次の取組へと移っていく。取組の手順は基本的にどの取組も同じである。このようにして、全取組を午後六時までに終了する。

四．取組でのしきたり

相撲では独特の言葉遣いやしきたりがあるので、それをいくつか示そう。

1　水付け

取組を行う力士に水を付けるのは勝ち力士である。負け力士はできない。最初の取組では勝ち力士がいるわけではないので、次の取組のために控えにいる力士がそれぞれ水を付けることになっている。また、結びの一番で負け力士しか控えにいない場合は、幕下以下力士の付け人が水付けをする。その付け人は浴衣を右の片肌脱ぎ姿にするのがしきたりになっている。この形は一九九四年三月から実施されている。このしきたりは以前からあったが、必ずしもしっかり守られていなかった。付け人が何かの都合で水付けに間に合わない場合は、呼出しが代理を務めることもある。

2　力水

水付け役が差し出す水を「力水」と呼ぶが、水そのものは普通の飲み水（水道水）と同じである。水には宗教的意味をくみ取ることもできるが、それは後から付加されたものかもしれない。古の風習として二度と会えないかもしれないとき、盃を酌み交わす（水盃）ことがあり、それと関連しているかもしれない。死に際に末期の水を綿に浸して与えるように、水に霊的意味を見出すことができるかもしれない。また、勝敗の過酷さを水に託しているかもしれない。

3　清めの塩

「塩は土俵を清めて邪気を祓う」、「力士の心身を清めて安全を祈る」など、土俵を神聖な場にしたり心身を清めたりすることと結びつけることが多い。葬式などから帰ると塩を少し混ぜた水で手を洗ったり、何か良くないことがあったら塩をまいたりするのと同じである。塩まきは十両以上の関取が行い、幕下以下は基本的に行わない。しかし、時間に余裕がある場合、幕下残り五番の取組でも塩まきを行うことがある。取組の進行や時間を考慮するのは赤房下の時計係で、審判委員の一人が兼ねている。

4　力紙・化粧紙

口をすすいだあと、口元をぬぐうための紙を「力紙」や「化粧紙」と呼ぶことがあるが、宗教的に何か特別な意味づけがあるかどうかはわからない。こじつけたような意味づけならあるかもしれないが、水や塩などに比べると、深い宗教的意味づけはない。

5　塵浄水の意味づけ

塵浄水とは蹲踞の姿勢で拍手を打ち、手のひらを上にして横に手を大きく広げた後、その手のひらを下向きにする一連の所作のことである。手のひらを返すのは相手を傷つけるような危険なものは何も持っていないことを示しているという。現在では正々堂々と素手で戦うことを表すという意味づけがされている。両手をすり合わせるのは、昔、相撲を野天で取ったとき、手で草をもみほぐしたことに由来すると言われているが、真実かどうかは確認できていない。もっと別の宗教的意味づけがあるかもしれない。

6　仕切り制限時間

仕切り制限時間は、呼出しが両力士を呼び終えたときから計り始める。現在は幕内四分、十両三分、幕下以下二分だが、一九二八年以降四回ほど変わっている。一九二八年一月には幕内一〇分、十両七分、幕下五分だった。たとえば、一九四二年一月には幕内から順に七分、五分、三分となり、一九四五年一一月には五分、四分、三分となっている。仕切り制限時間の変遷については、拙著『ここまで知って大相撲通』（一九九八）の「仕切り制限時間は決まっていますか」（一〇〇―一〇一頁）にも簡単にまとめている。

7　懸賞金の受け取り

懸賞金の受け取る形に左、右、中央という順序で手刀を切るように統一されたのは、一九六六年七月からである。東西の力士は同じ手順で手刀を切る。これは勝利の三神に感謝の意を示すとされる。すなわち、左が神産巣日神《かみむすびのかみ》、右が高御産巣日神《たかみむすびのかみ》、中が天御中主神《あめのみなかぬしのかみ》を表すという。懸賞金袋を土俵上の行司に手渡すのは呼出しである。懸賞金を袋の中に入れるのは協会の事務職員だという。

なお、拙著『ここまで知って大相撲通』の「手刀の切り方」（九七頁）で「手刀を切る作法は、横綱の名寄岩から始まった」と書いてあるが、「大関の名寄岩」とするのが正しい。間違っていることを訂正する機会がなかったので、本書で改めて指摘しておきたい。残念なことに、『ここまで知って大相撲通』には誤った記述が他にもいくつかある。

8　四股を踏む

足を高く持ち上げ、地面に下ろす動作を四股踏みと呼んでいるが、それには二つの意味づけが与えられている。一つはそれによって足腰が鍛えられることである。もう一つは地面の邪気を追い払い、神聖な場所を確保するということである。すなわち、肉体訓練の側面と宗教的側面からの見方である。相撲を取るには身体を鍛える必要があるのだから、それは納得できることである。

五．優勝決定戦

本割り（取組表に従って行われる正規の取組）で同点者が二人以上出た場合、優勝決定戦が行われる。幕内の場合は、弓取り式終了後に行われ、十両以下の場合は十両の取組終了後に行われる。同点の十両力士候補が幕内で取組があったときは、その取組が終了した後に決定戦が行われる。現在の優勝決定戦は一九四七年夏場所から始まっている。それ以前は、同点者がいた場合、番付上位の力士が優勝者になった。

細かく見ていくと、優勝決定戦の行司の階級や行司の口上は本割りと少し異なる。幕内の優勝決定戦では候補者に横綱が含まれていれば立行司が裁くが、前頭だけの力士であれば幕内行司が裁いている。たとえば、二〇一二年五月場所では平幕同士の旭天鵬と栃煌山が優勝決定戦を行ったが、幕内格筆頭の式守勘太夫（一一代）が裁いた〔また、二〇一九年九月場所の関脇同士（貴景勝と御嶽海）の優勝決定戦では三役行司・木村玉治郎が裁いている〕。このように、候補者力士の中で最高位の階級に対応する同じ階級の行司が原則として裁く。また、力士を呼び上げるときも、力士の階級に関係なく「稀勢の里　照ノ富士」というように、東・西も入れず、四股名だけの一声《ひとこえ》になる。四股名の間に「に」も入れない。

六．三賞

三賞とは次の三つである。

・殊勲賞　主に横綱や大関を倒した力士
・敢闘賞　敢闘精神を発揮し、目覚ましい活躍をした力士
・技能賞　最も優秀な技能を発揮した力士

この三賞制度は大戦後の一九四七年一一月場所に始まっている。当時、相撲人気が芳しくなかったので、人気復活の一環として設けられたものである。三賞の対象は横綱と大関を除く全幕内力士で、三賞とも勝ち越すことが条件の一つとなっている。すなわち、八勝以上するのは必須条件である。三賞制度については、たとえば、金指基著『相撲大事典』（二〇〇二、一二三―五頁）に詳しい説明がある。

三賞を授与される力士は「三賞選考委員会」で決定される。委員は審判委員、相撲記者クラブ員、維持員の中から理事長が委嘱した者である。定員は四五名以内となっている。

三賞の賞金は現在、それぞれ二〇〇万円である。一人の力士が二つの賞を授与されると四〇〇万円

となり、三つの賞を授与されれば六〇〇〇万円となる。

七．三役揃い踏み

千秋楽では「三役揃い踏み」という儀式が行われる。最後の残り三番の取組前に、その取組で対戦する力士六名が独特の形で揃い踏みをする。これが「三役揃い踏み」である。この儀式の後で行う相撲を「役相撲」という。横綱が地位として明文化されたのが一九〇九年二月だが、それまでの三役と言えば、小結、関脇、大関だった。三役が取る相撲なので、役相撲と言ったわけである。

役相撲は一九〇九年二月以前の名称をそのまま受け継いでいると言った方が正しいかもしれない。寛政元年（一七八九）以降、横綱はいたが、それは名誉称号であり、あくまでも大関が最高位だった。小結、関脇、大関が一人ずつだった頃は、役相撲は文字どおり最後の三番の取組だった。しかし、時の経過とともに、いずれかの地位の力士数が増えたり、横綱が地位として認められるようになったりし、三役を構成する力士にも変化が生じた。また、成績の優秀な前頭力士が残り三番の取組で相撲を取ることにもなった。結局、「役相撲」の名は従来のままだが、力士の地位に変化が生じたわけである。

役相撲が三役だけでないことは、二〇一八年一一月場所でも見ることができた。参考までに、三役揃い踏みをした力士と役相撲の取組を示す。

・小結相撲　勢（前頭）対　逸ノ城（関脇）
・関脇相撲　松鳳山（前頭）対　栃ノ心（大関）
・大関相撲　御嶽海（関脇）対　高安（大関）

この場所、横綱三名が全休、大関一名が途中休場している。上位陣の出場・欠場に関係なく、三役揃い踏みに登場する力士は「役相撲」を取ることになる。これと同じような三役揃い踏みは二〇一九年一月場所でも見られた。

・小結相撲　遠藤（前頭）対　玉鷲（関脇）
・関脇相撲　高安（大関）対　魁聖（前頭）
・大関相撲　貴景勝（関脇）対　豪栄道（大関）

この場所では横綱二人（白鵬と鶴竜）と大関一人（栃ノ心）がケガで休場し、横綱一人（稀勢の里）が四日目に成績不振で引退している。このように、現在、三役揃い踏みとは最後の残り三番の取組で対戦する力士が東西に分かれて揃い踏みする儀式であり、六人の力士がすべて三役以上とは限らない。

役相撲に勝利した力士には褒美として弓、弦、矢が授与されている。最初の小結相撲の勝者には矢、二番目の関脇相撲の勝者には弦、最後（つまり結び）の大関相撲の勝者には弓がそれぞれ授与される。以前は、行司が地位に合わせて「小結に叶う」、「関脇に叶う」、「大関に叶う」という口上を述べて褒美を授与していたが、現在ではどの勝者にも同じ「役相撲に叶う」という口上になっている。いつ口上が変わったのかは、今のところ、はっきりしない。これは資料を丹念に調べれば解明できるかもしれない。

なお、現在、小結相撲の勝者には褒美として矢が授与されているが、以前は矢の代わりに扇子が授与されることもあった。扇子が現在の矢に変わったのは、一九五二年九月である。しかし、宝暦一三年（一七六三）の『古今相撲大全』によると、当時は扇子が授与されている。肥後相撲協会編『本朝相撲之司吉田家』（一九一三）によると、慶長年間（一五九六―一六一五）の上覧相撲から小結相撲の勝者に矢を与えたことになっている（六―七頁）。これが真実であれば、矢の代わりに扇子が授与されるようになったのは、慶長以降、宝暦一三年以前ということになる。

それでは、これからその儀式について少し見ていこう。説明の便宜上、最初の取組の力士を1E―1W、二番目の取組の力士を2E―2W、最後の取組の力士を3E―3Wとする。最初の揃い踏み（東方力士）は正面から見ると、底辺が手前左右にある三角形である。つまり、1Eが前方の左側（小結に相当）に、2Eが前方の右側（関脇に相当）に、3Eが後方（大関に相当）になる。

呼出しが最初に取り組む力士二名（1Eと1W）を呼び上げると、三力士（東方）が土俵に上が

東方力士

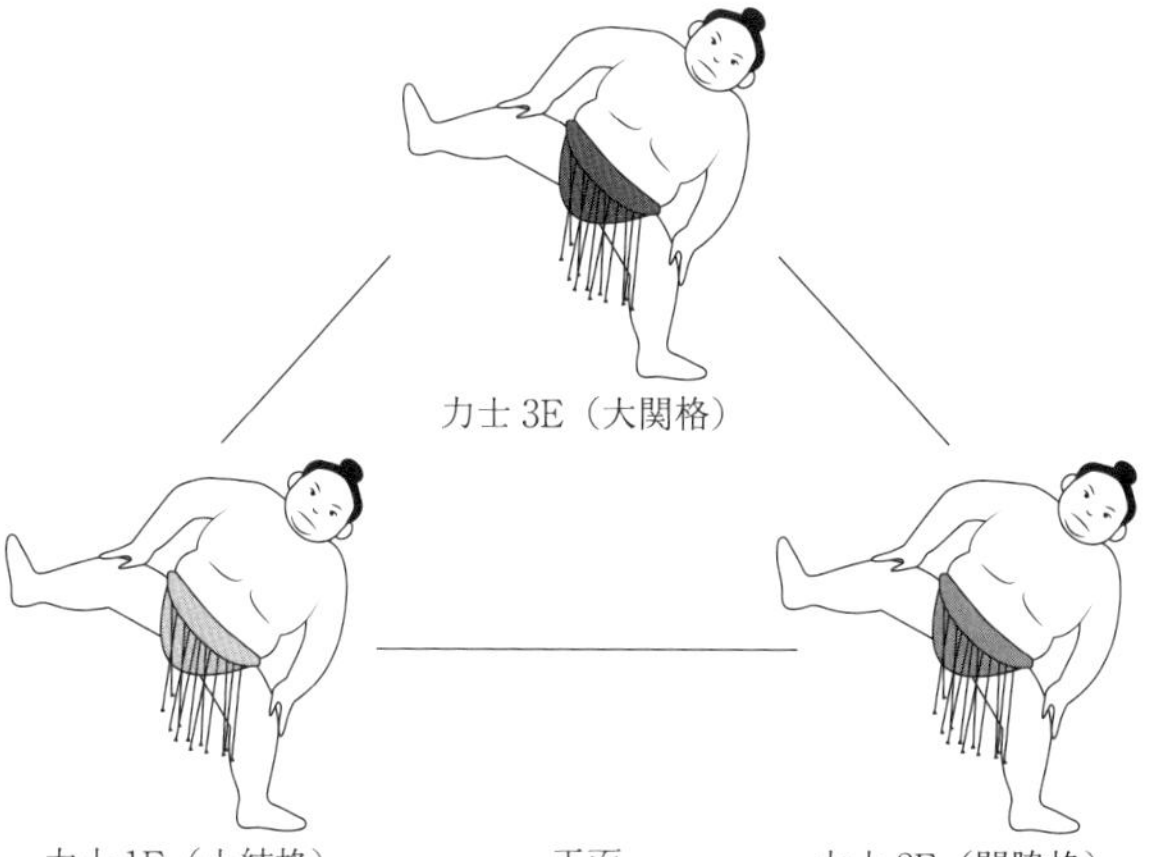

三役揃い踏み（東方）

る。三力士が所定の位置に揃ったら、呼出しの柝の合図で次の所作をする。

①立った姿勢で、両手をすり合わせ、拍手を一回打つ。

②右腕を横に伸ばす。ほとんど同時に、左手を脇腹に軽く当てる。

③右足で四股を踏む。

④もう一度、右足で四股を踏む。右足の四股踏みは二回となる。

⑤同じ要領で、左腕を横に伸ばし、右手を軽く脇腹に軽く添え、左足で四股を踏む。左足の四股踏みは一回だけである。

それが済むと、1Eは赤房下へ行き、蹲踞して次の揃い踏みを待つ。他の二人の力士2Eと3Eは土俵を下り、控えに座る。

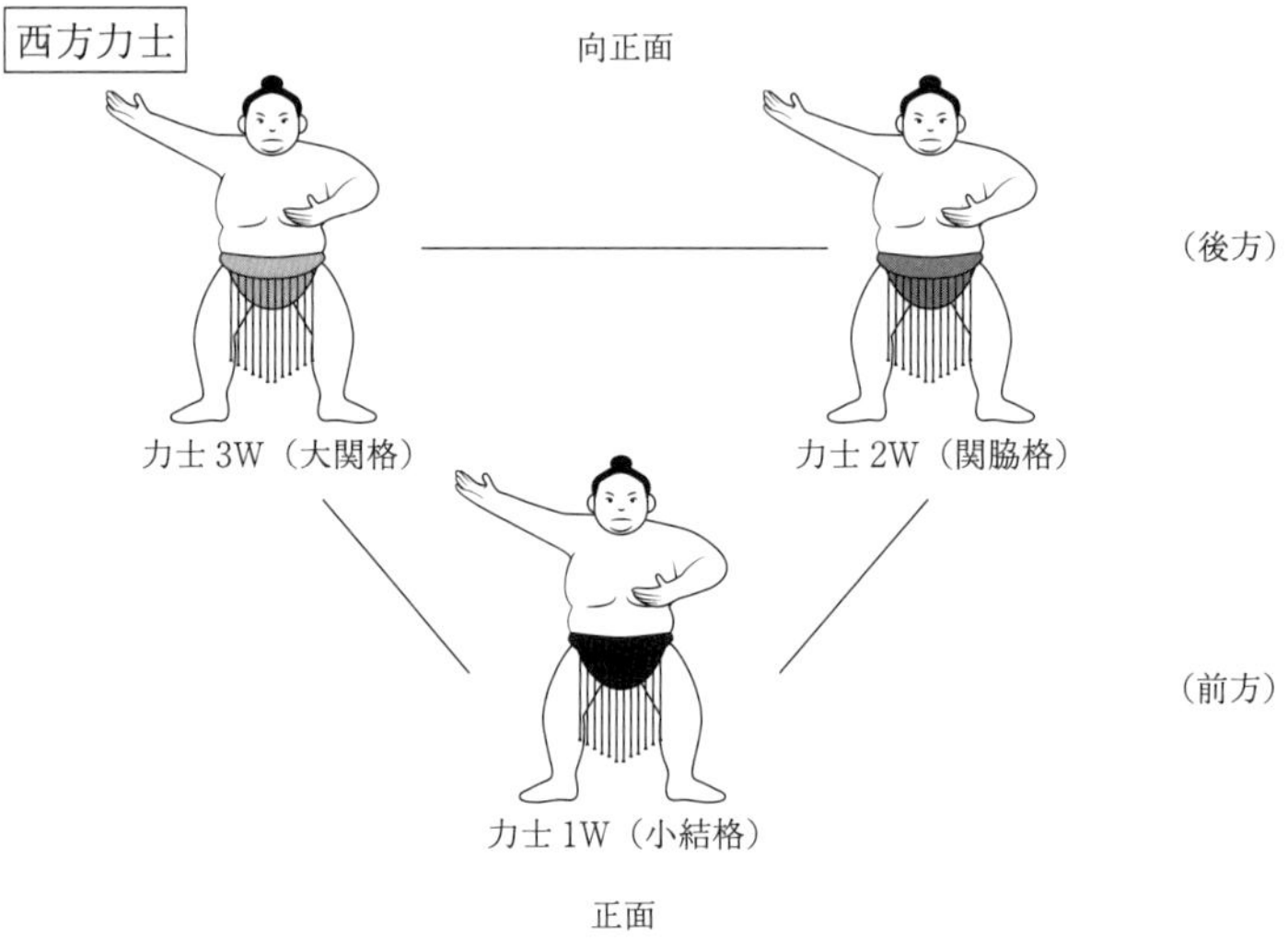

三役揃い踏み（西方）

東方力士が土俵を下りると、西方の力士三人が土俵に上がる。今度は正面から見て、前方に一人、後方に二人の三角形になる。前方は小結に相当し、後方の右側は関脇に相当し、左側は大関に相当する。

三力士が揃うと、呼出しの柝の合図で、東方力士の場合と同じ所作をする。それが済むと、1Wは白房下へ行く。そこで蹲踞する。他の二人2Wと3Wは土俵を下り、控えに座る。

行司は最初に取組む力士を二声で呼び上げたあと、次の口上を述べる。

○三役揃い踏みの触れ
「これより三役にございます（る）」

その後の取組は、他の取組と同じ手順である。勝者に対し、行司は「三役に叶う」という口上を述べる。勝者には懸賞金とともに、弓、弦、矢が授与される。最初の勝者には矢、二番目の勝者には弦、最後の勝者には弓である。懸賞品の受け取り方としては、懸賞品の下から右手でつかみ、その手が懸賞品の上にくるようにくるりと回転する。このやり方は一九九四年に統一された。それ以前は受け取り方を力士に任せていたらしく、全体に統一されていなかった。

現在の「三役揃い踏み」の儀式がいつ始まったかは確かでない。少なくとも寛政三年（一七九一）六月の上覧相撲以降、上覧相撲や天覧相撲などの御前相撲では取組一覧表に「是より三役」あるいは「三役」と記されていることから、「役相撲」が特別の取組だったことは明確である。ところで、最近、三役揃い踏みは、寛政以前から行われていたとする雑誌記事があることがわかった。それを参考までに紹介しておきたい。『サンデー毎日別冊』（昭和三八年三月）の池田雅雄筆「三役そろい踏み」（九四頁）に次のような記述がある。

「三役揃い踏みは、三役土俵入りともいって、その起源は、寛政の谷風から始まった横綱土俵入りより古く、貴人、大名のご覧に供するために行なう儀式で御前掛《ごぜんがかり》ともいった土俵入りの形式である。」

この記事の内容については文字資料や絵図資料でまだ確認していない。以前の三役揃い踏みは御前掛かりと同じだったようである。たとえば、寛政三年の上覧相撲を記した成島著『すまゐご覧の記』

には「是より三役と称せり」とあるが、どのような登場形式だったかは残念ながらまだ不明である。

八．弓取り式

弓取り式は結びの一番の終了後に、勝ち力士に代わって決められた力士が弓舞いをする儀式である。通常は幕下力士が弓舞いをするが、十両力士や幕内力士が行うこともある。弓を巧みに操ることのできる力士が行うため、一人の力士が長い間務めることが多い。弓取り式は現在場所中毎日行っているが、毎日になったのは一九五二年一月場所からで、それ以前は千秋楽だけ行っていた。毎日行うようにしたのは、ファンサービスのためであったという。

弓取り式を行う力士は行司溜まりに控えているが、勝ち力士の方角から土俵に上がり、蹲踞の姿勢で行司から弓を受け取る。弓舞いをしている間に誤って弓を落としたときは、手で拾ってはいけないことになっている。足で掬い上げて手で受けてから、弓舞いを続けるのである。これは勝ち力士の代理をしているからであるという。万一土俵下に弓が落ちた場合は、呼出しが拾い上げて土俵に置く。その間、力士は四股を踏みながら待つ。弓が土俵に置かれると、やはり足で掬い上げ、手で受けてから、弓舞いを続ける。弓が落ちることはめったにないが、実際に落ちたことはある。

弓舞いがいつから始まったかははっきりしないが、寛政三年（一七九一）六月の上覧相撲では横綱谷風本人が土俵で弓を振りかざしたという記録がある。弓取り式を弓舞いの儀式として表現しているが、それが正しい表現かどうかはわからない。寛政の頃、谷風は舞うのではなく、弓を頭上で振りかざしただけである。現在の弓取り式は特殊な技能を披露する所作である。寛政以前にも弓取り式に類する弓舞いがあったらしいことは文献で確認できる。たとえば、木村政勝著『古今相撲大全』(宝暦一三年〈一七六三〉)もその一つである。

九.出世力士手打ち式と土俵手打ち式(神送りの儀式)

千秋楽では表彰式の行事がすべて終わった後、出世力士手打ち式と土俵手打ち式が行われる。土俵手打ち式は「神送りの儀式」と呼ぶこともある。現在は、どちらかと言えば、「神送りの儀式」と呼ばれることが多い。神を迎える儀式「土俵祭」(話題7参照)が大々的に神を迎える儀式であるのに比べ、神送りの儀式はかなり地味なため、脚光を浴びることはほとんどない。出世力士手打ち式は、本場所で新序出世披露を受けた力士が審判委員や若者頭などと共に土俵上で立ち、御神酒を捧げ、呼出しの柝の音に合わせて行う儀式である。つづいて土俵手打ち式が行われるが、この二つの儀式の境目は必ずしも明白とは言えない。

土俵手打ち式は土俵祭でお迎えした神を見送る儀式である。最後に行われる「胴上げ」は神送りすることを象徴的に表している。行司を胴上げするようになったのは最近のことで、以前は審判委員を胴上げしていた。この変更は、神をお迎えするのは行司であるから、お見送りするのも行司が当然だということで決まったらしい。三三代木村庄之助著『力士の世界』(二〇〇七)にも次のような興味深い話が書かれている。

「なぜ胴上げをするのか私にはよくわかりませんが、魂を天に上げる意味があるのではないでしょうか。私が相撲界に入った頃にもこの儀式はありましたから、古くからずっと続いているしきたりなのでしょう。ところが、数年前から、その審判委員が、『土俵祭りの祭主は行司さんだろう。行司さんを胴上げしなければおかしいじゃないか』と言い出して、行司が胴上げされることになってしまいました。何十年、何百年と続いてきたことを変えていいのですかと反論したのですが、『やっぱり行司さんがいいだろう』と聞いてもらえませんでした。どうも親方衆は胴上げされるのが嫌なんですね。祭主云々は逃げ口上のような気がします。紋付き袴で胴上げされると着物に手が入って破れたりするし、大きな親方衆のことだから、万が一落とされたら困ると思うのかもしれません。

結局、土俵祭りを執り行った行司の中で一番格下の者が胴上げされるようになりました。一番格下というのがミソです。私だって嫌ですから……。ともかくこうして無事に終了、神様に帰っていただくのです。」(六五—六頁)

この胴上げに関する話は三三代木村庄之助から国技館内の行司控室で聞いたのだが、御幣を抱いて行司を胴上げするのが肝心なところだと思っていた。土俵祭で神をお迎えしたのだから、千秋楽の最後にその神をお見送りするのは本場所の締めくくりとして必要な儀式であると理解していたので、行司ではなく、審判委員を胴上げしていることにずっと違和感を抱いていたのである。土俵祭りでは立行司が相撲の神様をお迎えするのだから、その祭りで脇行司として務めた一番格下の十両格行司ではなく、立行司を胴上げするのが理に適う気がしていた。当時、それについて三三代木村庄之助に尋ねることをしなかったのは、今考えると残念である。

審判委員の胴上げは一九七一年九月から始まり一九七五年代の前半に取り止めになっていたが、二〇〇四年五月に復活している。これに関しては、『相撲』（二〇〇四年六月号）によると、審判委員の君ヶ濱（もと関脇北瀬海、高砂一門）を胴上げしている。また、『朝日新聞』（二〇〇四年五月二四日）の「ハーフタイム」欄でも「大相撲夏場所千秋楽の二三日、二十数年ぶりに新序出世力士による胴上げが復活した」と写真付きの記事で確認できる。ところが、翌七月場所からは行司を胴上げするようになっている。『相撲』（二〇〇四年九月号）の「角界ニュース」には「出世力士の手打ち式は、新弟子が二人しかいなかったため、胴上げに呼び出しも加わり、十枚目格行司・木村元基を胴上げした」とある。このときから行司を胴上げするようになった。

胴上げがいつ中止になったか、その具体的な年月はまだ特定できていない。一九七一年七月に審判委員の胴上げがあったことは相撲博物館のメモ書きで確認できたが、それ以降に行われていたかはまだ確認できていない。

内館牧子著『女はなぜ土俵にあがれないのか』(二〇〇六、一八九頁)と『大相撲の不思議』(二〇一八、五四頁)には、一九五七年に胴上げは中止し、二〇〇三年五月場所に復活したとあり、先の資料とは一致しないので、根拠となる資料を丹念に調べる必要がある。

神送りの儀式で肝心なのは、神の依り代としての御幣である。御幣を神に見立て、感謝の印として御幣を携えた行司を胴上げし、参列者全員でその神を神の住処へ見送るのである。神の住処がどこにあるかを問うことは野暮だろう。それは神のみぞ知るとしか言いようがない。土俵祭で神をお迎えするとき、神の住処がどこにあるのかを問うことがないのと同じである。

なお、神送りの儀式を務める行司の装束は現在、専用の装束を着用している。これは胴上げするとき、装束が破れたり汚れたりするからである。最初に胴上げされた行司は木村元基(二〇二〇年五月現在幕内格)だが、その当時は彼自身の行司装束だったという。三五代と三六代庄之助の話によると、三五代庄之助・三八代伊之助のときに相撲協会(具体的には事業部長)と話し合って専用の装束を作ってもらうことにしたという。余談になるが、その装束は個人用のものと違い、安価なものだと二人とも笑いながら話していた。

神送りの儀式は原則、土俵祭で脇行司だった十両格行司が務める。ただし、千秋楽の打ち上げの司会や部屋の事情などで代わりの十両格行司が務めることもあるという。このことは木村元基さんに教えてもらった。行司の場合、どの儀式でも基本的には順番が決まっているが、一人でいくつも仕事を抱えていることがあり、やむを得ない役割は定まっていた順番を入れ替えることがある。はたから見ていると本来の執り行う行司でないことはわかるが、なぜ変わったのかわからないことがある。神送りの儀式によって本場所の土俵から神がいなくなる。神聖だった土俵も普通の空間になるのである。

一〇．協会御挨拶

本場所の初日と千秋楽に十両の取組が残り三番となったとき、「協会御挨拶」が行われる。これは現在、理事長と小結以上の役力士が土俵で観客に挨拶する儀式である。理事長は紋付き羽織袴を着用するが、力士は締込み（取り廻し）姿である。理事長が短い挨拶文を読み上げた後、理事長を含む全員が正面、東、向正面、西、正面の順で観客に礼をする。挨拶文はそのときの話題を少し付加しただけのほぼ定型文と言えるが、儀式そのものに観客への深い感謝の意が反映されている。

この協会御挨拶は一九二六年一月場所に始まったが、登場する力士は何回か変化している。最初は横綱と大関だけだったが、それに小結と関脇が加わったり、元の横綱と大関に戻ったりしている。一九九一年九月場所以降は小結以上の役力士が登場し、現在も続いている。

一一・顔触れ言上

中入りに行われる「顔触れ言上」の儀式では翌日の幕内取組の対戦力士を観客に紹介する。紹介する行司は立行司か三役行司で、この儀式に力士は登場しない。行司はこの儀式では軍配を携帯しない。顔触れを書いた紙を載せるのに白扇を使用する。土俵に登場する行司が軍配を携帯しないのはごく限られた儀式だけである。立行司がこの儀式で触れる口上は「顔触れ言上」または「顔触れ口上」と言う。型にはまった口上で、それを呼び上げて四方向に披露し、傍らの呼出しに渡す。呼出しもそれを四方向に披露する。披露の仕方には一定の順序がある。行司は左手で東、正面、西、向正面の順、呼出しは右手で西、正面、東、向正面の順で披露する。

この儀式は江戸時代にも行われていたことが錦絵などで確認できるが、現在に至るまでには中断したこともあった。一九七二年七月場所（八日目）以降は毎日行うことになっているが、時間の都合で取りやめることもある。天皇陛下の観戦する天覧相撲では必ず行われることになっている。翌日の取組を紹介する儀式なので、千秋楽では当然行われない。

なお、この儀式に使う顔触れ（取組表）を書くのは割り場担当（次項参照）の十枚目行司から三段目行司で、行司控室の割り場で書いている。番付表を書く番付書き担当者とは別である。顔触れの儀式で披露が終わると、顔触れ（割触れともいう）は翌日の朝、東京場所では正面入り口近くの櫓の下に呼出しによって張り出される。

一二、取組編成会議

力士の取組を決める会議を「取組編成会議」と呼ぶが、それについては規約の「取組編成要領」（第一条から第九条）に規定されている。この取組編成会議の構成委員は、番付編成会議の委員とまったく同じである。取組や取組表のことを「割り」、取組について議論したり、取組表を書いたりするところを「割り場」ともいう。「割り」という言葉の由来は必ずしも明らかでない。「割り振る」とか「割り当てる」などから派生したのかもしれない。

「取組編成要領」第五条に幕内の取組に関する次のような規定がある。

（第五条）取組は、本場所の初日の二日目に初日、二日目の取組を、その後は前日に取組を編成し、発表するものとする。

実際の取組編成は、大体、次のようになっている。

・幕内の場合

初日と二日目の取組は初日の二日前に、三日目以降はそれぞれ前日の午前に編成される。また、千秋楽の取組は一四日目の午後に編成される。最近では、千秋楽の「割」が前日の全取組みの終了間近や終了後に編成されることもある。

・十両の場合

初日の取組は二日前に、二日目以降は前日に編成される。

・幕下以下の場合

初日の二日前に一度まとめて編成し、一三日目以降は一二日目に三日分をまとめて編成する。

取組は原則として、同じ階級の力士同士で行い、同じ階級であっても、地位が近い力士同士が取組むように編成される。下位の力士が勝ち進んでいる場合は、上位の力士との取組を編成することもある。相撲会場に行けば、その日の「取組表」が配布されている。

本場所の取組では同じ部屋や四親等以内の力士は対戦しないことになっている。ただし優勝決定戦ではこの限りではない。一九九五年一一月場所では兄・大関若ノ花（三代）と弟・横綱貴乃花が優勝決定戦で対戦している。この対戦では貴乃花が不自然とも見える負け方をしている。それをどのように見るかは人によるだろうが、人情の機微に触れる問題をはらんでいることは確かだ。これについては、たとえば三三代木村庄之助著『力士の世界』（二〇〇七）の「六一　八百長という名の情け相撲」（一八四―一六頁）にも言及されている。

取組を編成して発表した後、休場力士が出た場合は一方の対戦相手が戦わずして勝ち力士となる。不戦勝制度が現在のように確立したのは一九二八年三月場所以降である。以前は、一方の力士が休場すると、対戦相手も出場しなかった。また、取組を発表した後で取組を編成し直すこともある。これを「割り返し」という。この割り返しはときどき見られるが、基本的には行わない。なお、取組の結果が知りたければ、「星取表」で見ることができる。星取表には対戦相手、決まり手、休場の様子などが記されている。

話題7　相撲の神事と土俵祭

本場所初日の前日（土曜日）、午前一〇時から約三〇分、本場所会場内の土俵上で土俵祭が執り行われる。祭主は立行司の木村庄之助と式守伊之助が交互に務めるが、立行司がいない場合は三役行司が務める。脇行司として幕内から一人、十両格から一人それぞれ加わることになっている。祭主と脇行司は普段の行司装束ではなく神官装束で、祭主と脇行司の神官装束は少し異なる。土俵祭の参列者は相撲協会理事長、審判部の部長を含む全審判委員、三役以上の力士、行司全員等である。参列者の数も時代や会場によって変動することがある。

土俵祭は相撲が神事であることを表明する儀式である。一連の祝詞の中では相撲の故事が唱えられる。相撲がはるか昔から神と密接な関係にあること、神に奉納されてきたこと、土俵は神が宿る神聖な領域であること、神が臨在することを神の依り代として御幣を立てること、相撲の守護を司る特別な神がいること、神が日常の糧を備えてくれることに感謝し、それを表明するために土俵中央の下に鎮め物（神々への供え物となる米、スルメ、昆布などの品々）を埋めておくこと、今後の生活が順調に行われるように神が絶えず自分たちを守護してくれることなどである。すなわち、土俵祭では「天長地久、風雨順次、五穀成就」などを神に祈願し、同時に神の加護も懇願するのである。

相撲が行われる土俵開きを唱える祝詞「方屋《かたや》開口故実言上」を次に示す。

「天地《てんち》開《あ》け始まりてより陰陽《いんよう》に分かれ、澄《す》め明らかなるもの陽《よう》にして上にあり、これを勝ちと名づく。重く濁《にご》れるもの陰《いん》にして下にあり、これを負けと名づく。勝負《かちまけ》の道理《どうり》は天地自然《おのずから》理にして、これをなすもの人なり。清《きよ》く潔《いさぎ》よきところに清浄《せいじょう》の土を盛《も》り、俵《たわら》をもって形となすは五穀成《ごこくじょう》就《じゅ》の祭りごとなり。ひとつの兆《きざ》しありて形となり、形なりて前後左右を東西南北これを方《ほう》という。その中にて勝負を決する家なれば、今はじめて方屋《かたや》と言い名付くるなり。」

この口上は二九代木村庄之助著『一以貫之』に掲載されているもの（口絵の一つ）だが、文献によって字句や表現の仕方が少し違うこともある。この口上は寛政三年（一七九一）六月の上覧相撲を記した写本の中で初めて見られる。寛政三年六月以降、時の流れとともに表現が少し改変されている。この口上における東西南北には、四神が宿る依り代としての御幣が屋根から垂れさがっている四房に括り付けられている。土俵祭が行われる前に七本の御幣が土俵上中央につくられた祭壇に立てられているが、儀式中にそのうちの四本の御幣は四房の下に移される。儀式後に呼出しにより四房に括り付けられる。なお、現在は四房のそれぞれに四神の依り代である御幣を括り付けてあるが、一八九八年頃は四本柱それぞれに括り付けられたようである（『角力新報』第8号、一八九八年八月、五五頁）。

相撲と神が密接な関係にあることは古事記や日本書紀にも記述されているが、その記紀の神の名前は祝詞の中では明確に指摘されていない。しかし、祝詞や相撲故実の中でずっと昔から神と関係があったことが強調されている。戦前までの土俵祭では祝詞の中で記紀の中の神々を個別に言及することもあったが、戦後の土俵祭では相撲の神はかなり限定され、次の三神だけとなり、「相撲の三神」や「相撲三神」と呼んでいる。

・戸隠大神《とがくしのおおかみ》（戸隠神社奥宮の祭神・手力男命《たぢからおのみこと》）
・鹿島大神《かしまのおおかみ》（鹿島神宮の祭神・武甕槌神《たけみかづちのかみ》）
・野見宿禰尊《のみのすくねのみこと》（相撲の祖神）

土俵祭の御幣七本のうち、三本はこの相撲三神の依り代である。場所中、この三神は相撲に関わることをすべて守護する。三神の御幣は、土俵祭後に三本あるいは一本が行司控室の神棚に立てられる。一本しか立てない場合、他の二本は行司部屋の茶箪笥などの上に置かれる。土俵周辺には相撲三神の依り代としての御幣は置かれていない。以前は、一本は屋根下天井の梁《はり》に、また他の二本は貴賓席近くの柱に、それぞれ括り付けられていた（たとえば彦山光三著『土俵場規範』、一九三八、八八頁）が、現在は三本を一本として土俵から離れた行司部屋の神棚で祀られている。

土俵祭の最後の場面では呼出しによる「触れ太鼓土俵三周」が行われる。二基の太鼓が土俵を左回りに三周し、土俵祭を終了する。この土俵を回る回数が現在まで変わることなく三周だったのか、ときには異なることがあったのかは必ずしも確かでない。明治以降の新聞を調べてみると、一回だけ土俵を周回したという表現がよく見られる。

土俵祭で祭壇に立てられる御幣七本のうちの四本は、方角を司る四神の依り代である。これは江戸時代から変わっていない。略式の土俵祭では一本で済ますこともあり、そのときの御幣を「八幡幣」と呼んでいる。これは、たとえば彦山著『相撲道綜鑑』（一九七七）の「神明照覧の新意義」（六一三頁）の中でも確認できる。また、「土俵祭」という呼び方はしていなかったが、相撲を始める前に相撲場を神聖な領域にする儀式は以前から存在した。ただ、儀式で唱えられる祝詞や式順などは「口伝」とされていると書かれており、その詳細はほとんどわからない。式順や祝詞が明確にわかるようになったのは、寛政三年（一七九一）六月の上覧相撲以降である。

相撲と関わりのある神々が常に一定でなかったことは明らかである。神々は一定であるはずだと思いがちだが、万《よろず》の神を信奉する立場に立てば、都合のよい神を自在に作り出すことができたのかもしれない。これは神を冒瀆しているという誹りを受けそうだが、特定の神がいたかと思うと、いつの間にか別の神が現れたりする。人間でさえも神としてあがめられたりする。たとえば土師《はじ》氏の祖とされる野見宿禰は、現在では相撲の三神の仲間となり、土俵祭でも祀られている。相撲の神々を調べていると、相撲の神々がときどき変化しており、戸惑うことがある。

相撲の神々が江戸時代以降どのように変化しているか、そのいくつかを見てみよう。

岩井左右馬著『相撲伝秘書』、安永五年（一七七六）
・郡八幡宮
・天照皇大神宮
・春日大明神
なぜこれらの神々が相撲の三神となっているかはわからない。写本にはその理由を書いていないからである。

第二二代吉田追風から木村玉之助に与えた口上書、天保一二年（一八四一）、茨城県立歴史館編『すもう今昔』（二〇〇七年二月）
・天神七代の神々（七つの神々の呼称）
・地神五代の神々（五つの神々の呼称）
この神々は戦前の土俵祭では「天神七代、地神五代」とまとめて唱えたり、七つの神々をそれぞれ唱えたりしていた。これらの神々をまとめて三本の御幣として立てていた。御幣の数は木村喜平次著『相撲家伝鈔』（正徳四年〈一七一四〉）以降変わらない。

なお、現在の相撲三神が定まったのは二二代木村庄之助の時代である。戦前の神々から現在の神々に変えたいきさつについては、たとえば『相撲』（二〇〇一年一〇月号）の「身内の証言（三）」一一九頁）に見られる。

彦山光三著『相撲読本』（一九五二）の「まつりの順序・太陽のこと」（七八頁）／『新版　相撲通になるまで』（『相撲』増刊号、一九五三年一一月）

・高御産巣日神《たかみむすびのかみ》（右）
・天御中主神《あめのみなかぬしのかみ》（中）
・神産巣日神《かみむすびのかみ》（左）

これは古事記の中の「造化の神」であり、勝利の三神としてもあがめられている。『大相撲』（一九八〇年一月号）の「二二代庄之助一代記（第一四回）」では土俵祭で「造化の三神」を相撲の神として捉えている。勝利の三神と相撲の三神が同じ神々なのかどうかは必ずしもはっきりしない。

吉田長孝著『原点に還れ』（二〇一〇）の「二四世追風長善、引退を表明」

・天照大神
・住吉大神
・戸隠大神（天手力雄神とすることもある）

これは吉田司家邸の相撲三神である。司家の相撲三神と大相撲の相撲三神が異なっていても特別に問題ないかもしれない。それぞれ違った神をあがめるのは自由だという考えが成り立つからである。しかし、大相撲に大きな影響を与えてきた吉田司家の相撲の神々ともなれば、大相撲のあがめる三神と一致するのが望ましいように思われる。

土俵祭の七本の御幣に関し、寛政三年六月の上覧相撲では、七本の御幣のうち一本が青幣であった。木村政勝著『古今相撲大全』によると、かつて黄色の御幣が使用されていたらしいが、元禄時代（一六八八―一七〇四）に白幣になったそうである。寛政三年に白幣六本に加え青幣一本をわざわざ使用した理由は、残念ながら手掛かりさえ見つかっていない。

話題8　役相撲の矢と扇子

千秋楽の三役揃い踏みを行う力士が行う相撲を「役相撲」と呼んでいるが、最初の取組が小結相撲、二番目が関脇相撲、最後が大関相撲に相当し、それぞれの勝者に褒美として矢、弦、弓がそれぞれ授与される。これら三つの賞品のうち、以前は、矢ではなく代わりに扇子が授与されていた。現在は矢を授与するのに以前は扇子が授与されていたのであれば、矢から扇子に代わった年月がきっとあるに違いない。その年月を確かめたいという好奇心が湧いてきたので、それを調べてみることにした。その調査の一端をここで披露しておきたい。

寛政三年（一七九一）六月の上覧相撲を記録した文書、たとえば成島峰雄著『すまゐご覧の記』を読むと、小結相撲の勝者に矢ではなく、扇子が授与されている。そうなると、矢が扇子になったのは少なくとも寛政以前ということになる。木村喜平次著『相撲家伝鈔』(正徳四年〈一七一四〉)の中に弓のことは書かれているが、矢や扇子のことは書かれていない。ところが、木村政勝著『古今相撲大全』(宝暦一三年〈一七六三〉)や岩井左右馬著『相撲伝秘書』(安永五年〈一七七六〉)には小結相撲の勝者に扇子が授与されたと書いてある。

これら三つの文書には大関相撲の勝者に弓が授与されたのは元亀元年（一五七〇）にさかのぼるということが書いてある。それは『信長公記』(慶長五年〈一六〇〇〉)に書いてあるという。この『信長公記』には宮居眼左衛門という強豪力士に弓が授与されたことは書いてあるが、弦や矢のことは何も書いてない。それでは、弦や矢はいつ頃から授与されるようになったのだろうか。これに関しては、実は、確かなことはわからない。

一九一三年発行の肥後相撲協会編『本朝相撲之司吉田家』によると、「慶長年中徳川家康公より招かれて江戸に下り将軍上覧相撲の規式を定めて一番勝負とし関には弓、脇には弦、結(原文ママ：本書注)には矢の勝賞を与えることとした」(六―七頁)という記述がある。矢を小結相撲に与えることは吉田長善編『ちから草』(一九六七、一二五頁)や吉田長孝著『原点に還れ』(二〇一〇、一二五頁)にも記述されている。これが真実を反映しているなら、慶長期（一五九六―一六一四）には小結相撲の勝者に矢が授与されていたことになる。それ以前の天正期（一五七三―九一）や文禄期（一五九二―九五）にもすでに矢が授与されていたかどうかははっきりしない。

宝暦一三年の『古今相撲大全』には「近来は関に弓、関脇に弦、小結に扇子を渡す」とあり、小結相撲の勝者には扇子が授与されている。『信長公記』に褒美としての弦や矢のことは述べてないのに、『古今相撲大全』ではすでに扇子が当然の事実として受け止められている。その間に、弦や扇子を授与することの理由づけとして『信長公記』にさかのぼることが伝承となっていたに違いない。起源は不明であるにもかかわらず、それをあたかも『信長公記』であると誰かが言い出したようだ。そして、それが検証されることもなく、代々受け継がれてきたと考えられる。

寛政三年六月に小結相撲の勝者に矢ではなく扇子が授与されたことは先に述べた。この記述にある『すまゐご覧の記』以降、本場所で扇子ではなく矢が授与されたという文献は非常に少ない。「矢の代わりに扇子が使用される」という趣旨の表現は、多くの文献で見ることができる。矢を授与したと記述してある文献もあるが、それは事実に反している。

彦山光三著『相撲読本』（一九五二年一月）の「弓取り式」「手うち式」（七九頁）でも扇子が授与されたことが確認できる。それから、『新版　相撲通になるまで』（『相撲』増刊号、一九五三年一一月）の記事「三役と弓、弦、矢」（七六頁）に矢が授与されたとある。つまり、一九五二年一月から五三年一一月の間に扇子から矢に代わったことになる。その変更はいつ頃、あったのだろうか。その年月を特定できる資料はまだ見つかっていないが、それは一九五二年九月だと推測できる。そのとき、四本柱が撤廃されている。おそらく、撤廃と同時に、それまで四本柱の一つに括り付けていた弓、弦、扇子も括り付けなくなったのではないか。その際に、本来の姿である矢にすることに踏み切ったに違いない。

宝暦期以降一九五二年頃までずっと扇子が授与されていたと述べてきたが、実は、矢が柱に括り付けられている錦絵（美邦画）がある。それは景山忠弘著『大相撲名鑑』（一八頁）に掲載されている。横綱太刀山の土俵入りを描いた（一九一〇年代）錦絵で、一本の柱に弓、弦、矢が括り付けられている。その矢は真実を描いているだろうか。そうではないと私は判断している。これは矢を授与するのが本来の姿であり、扇子はその代理にすぎないという考えを反映して、絵師がその理想を錦絵に描いたにすぎないと考えられる。横綱太刀山の土俵入りを描いた錦絵（玉波画、相撲博物館蔵）がもう一つあり、それには扇子が描かれている。同時期に同一横綱の錦絵が二つあり、その一つに扇子が描かれている。当時の他の文字資料にも扇子が授与されという表現ばかりである。それらを考慮すれば、矢が描かれている錦絵は真実の姿を描いてないと判断して間違いないはずだ。

寛政期から一九五二年まで普通の本場所では扇子が四本柱に飾られていたが、一八八四年三月の天覧相撲では矢が飾られていたようだ。たとえば、『東京日日新聞』（一八八四年三月一一日）の「天覧相撲」の記事には「土俵に飾り置ける弓矢弦（三役に賜るべき科）」とある。また、松木平吉著『角觝秘事解』（一八八四、一三頁）にも矢が飾られたとあるし、錦絵にも矢が描かれている。これが事実を描いているのであれば、天覧相撲では矢が飾られていたことになる。

しかし、これが事実を反映しているかどうかについては、いくつか解明すべきことがある。一つは、当時の本場所や他の侯爵邸での天覧相撲では扇子が飾られていた。二つは、江戸相撲の上覧相撲では扇子が飾られていた。三つは、「弓弦矢」を弓具一式として捉える思い込みがある。本場所の相撲では矢の代わりに扇子を使用していたにもかかわらず、思い込みで「矢」としている文字資料もある。四つは、錦絵の中には扇子を描いてあるものもある。たとえば、錦絵「御濱延遼館於テ天覧角觝之図」（国梅画、一八八四年三月）では柱に扇子が括り付けられている。

このような疑問点はまだ解消されていないが、一八八四年三月の天覧相撲は特別な相撲だったことから、矢が飾られていたと判断している。当時の『東京日日新聞』や松木著『角觝秘事解』に矢が飾られたと書いてあり、錦絵「御濱延遼館於テ天覧角觝之図」（国明画、一八八四年五月）や「浜離宮の土俵祭り」（豊宣画、一八八四年三月）でも矢が描かれているからである。参考までに記しておくと、当時の本場所では扇子が使われていたに違いない。塩入太輔編『相撲秘鑑』（一八八六）には「小結に白扇を渡すは彼の白羽の矢の代理なりという」（六〇頁）とある。

なお、南部相撲の『相撲極伝書』（延宝四年〈一六七六〉）には関脇相撲と小結相撲の勝者にはともに「弦」が授与されている。すなわち、小結相撲の勝者に「矢」や「扇子」は授与されていない。吉田司家の文書では慶長年間に「矢」を授与するようになっているのに、南部相撲では延宝年間でも「弦」が授与されている。南部相撲ではその後、「矢」や「扇子」が授与されることはなかったのだろうか。そのことに関しては、残念ながらまだ確認していない。吉田流（のちの吉田司家）の相撲と岩井流の相撲（のちの南部相撲）では小結に授与する「褒美」に差異が認められるが、なぜそのような差異が生じていたのだろうか。岩井流と吉田流は慶長の頃からそれぞれ独自の異なる道を歩んでいたのだろうか。吉田流の相撲では慶長年間に「矢」を授与しているが、それは岩井流の相撲にまったく影響を及ぼさなかったのだろうか。このような疑問がいくつか生じてくる。これらの疑問は今後、解明する必要がある。

第四章　行司

一・行司の入門と定員

行司になるには、日本相撲協会規約の「年寄・力士・行司及びその他」（第六四条）に明記されているように、四つの条件を満たせばよい。

①義務教育を修了していること。
義務教育修了を条件にしたのは一九五七年である。それまでは、義務教育を受けながらも行司入門ができた。

②満一九歳に達していること。

③男子であること。

④適格と認められること。
「適格」の具体的な内容ははっきりしないが、心身の健康を指しているようだ。

入門する際は、次のような手続きを踏む。

①所属したい相撲部屋に打診し、師匠の許可を受ける。

②一定の書類を協会に提出する。

提出する書類には、たとえば、履歴書、保護者の承諾書、住民票、戸籍謄本か抄本、師匠と行司会会長連名の採用願い書、行司会会長の添え状などがある。

理事会での審議を経て承認されると、協会所属の一員として正式な行司となる。行司は力士と同じようにそれぞれ相撲部屋所属だが、同時に協会にも所属する。給与は協会から支給される。最初の三年間は見習いで、これらは規約に規定されている。

第六二条　行司は、協会所属行司とする。

第六四条の第二項　行司の新規採用者に対して、三年間見習いとして養成期間を置く。但し、行司の階級順位により番付編成することは妨げない。

通常、行司の昇進は入門順に決まるため、早く入門した者はそれだけ昇進も早くなる。見習い期間であっても、番付では序ノ口、序二段というように昇進することもある。

現在、定員は四五名以内となっている。そのうち十枚目以上の行司を「有資格者」と呼び、定員は二二名である。それは、「番付編成要領」の「第二章　行司番付編成」で規定されている。行司の定員は四五名だが、特例としてその人数を超える場合がある。たとえば、近いうちに退職者が予測できる場合にはしばらく見習いとして採用することがある。また、定員や有資格者の人数そのものも変化する。たとえば、一九七七年一一月は四〇名だったし、一九六〇年一月の有資格者は二〇名だった。行司定員を四五名にしたのは、一九八〇年九月である。

第一七条　十枚目以上の行司の番付員数を、次のとおり規制する。
　十枚目以上の行司　二二名以内。

有資格者の数は二二名だが、各階級の人数は決まっていない。したがって、三役行司が三名のときもあれば四名のときもある。二〇一九年五月は四名である。幕内は現在八名だが、それより多くても少なくてもよい。全体として二二名以内であればよいのである。ただ、慣例として十枚目以上の階級の人数はある程度一定している。定員は四五名なので、幕下以下の人数は二三名ということになる。幕下以下についても階級ごとに定員は決まっていない。状況によって各階級の人数は変化する。

有資格者になると待遇面で差がでてくる。たとえば、地方巡業で宿泊する場合、幕下以下は一緒に大広間で雑魚寝するが、十両以上は個室を用意される。本場所では十両以上の場合、若手行司の付け人が認められているが、巡業中は若手行司または力士の付け人が認められている。また、同じ有資格者であっても、その中で違いもある。たとえば、巡業で列車を利用して移動する際、幕内以上はグリーン車待遇だが、十両以下は普通車待遇である。飛行機の場合、立行司のみクラスJまたはプレミアムシートである。飛行機や宿泊先は横綱、大関と同じ待遇となる。

時代の変化に伴い、乗り物や宿泊などは均一化する傾向にある。たとえば、以前は旅館だったのがビジネスホテルの宿泊を選んだり、巡業でバス移動が増えてきたりしたため、見た目の格差が以前より少なくなっている。しかし、階級の違いによる待遇の差が存在することは確かだ。

二．階級と房色

行司は、現在、八階級に分けられ、階級色や着用具も決まっている。着用具とは足袋、草履、短刀、印籠などを指していて、次のようにまとめられる。

階級	階級色	着用具
立行司		
木村庄之助	総紫	足袋、草履、短刀、印籠
式守伊之助	紫白	足袋、草履、短刀、印籠
三役行司	朱	足袋、草履、印籠
幕内行司	紅白	足袋
十枚目行司	青白	足袋

幕下行司	黒または青	なし（素足）
三段目	黒または青	〃
序二段	黒または青	〃
序ノ口	黒または青	〃

行司の階級や色分けはずっと以前からあり、階級色は軍配の房に反映されている。行司の階級が現在の八階級になったのは一九六〇年一月で、それ以前には、階級に変化があり、それと共に階級色も変化があった。たとえば、立行司と三役の間に「副立行司」があり、その色は式守伊之助と同じ「紫白」と規定されていた時期がある。実際の副立行司の色は「紫白」より白の多い「半々紫白（と本書では表現する）」で、式守伊之助とは区別されていた。つまり、規定では「紫白」だったが、運用では区別されていたわけである。相撲通であっても、その区別に気づいていた人は意外と少ない。軍配の紫房や紫白房に関心があれば、たとえば、拙著『大相撲立行司の軍配と空位』（二〇一七）が参考になるかもしれない。

三役行司が草履を履くようになったのは、一九六〇年一月である。それ以前は草履を履かずに足袋だけであった。例外として、一九四七年六月に三役行司の木村庄三郎と木村正直に草履が許されている。その他の三役は草履を許されていない。一九六〇年一月に副立行司が廃止されると同時に、三役格にも草履が許された。横綱土俵入りを引く行司は草履を履いていることが必要とされている。三役行司に許されたことにより三役行司も横綱土俵入りが引けるようになった。そのことにより立行司が空位になってもその空位を急いで埋める必要はなくなったのである。

土俵で行司が履く草履を通常「土俵草履」や「上草履」と呼ぶが、まれに「藁《わら》草履」と呼ぶこともある。三役以上の行司は行司部屋から花道奥まで裏にゴムのついた「通い草履」を履き、花道奥でゴムのつかない藁だけの「土俵草履」に履き替える。土俵草履は行司の付け人が用意している。軍配を手に持って、草履を履くのは煩わしいので、付け人が隣にいると非常に助かるという。しかし、利便性よりも階級に対する威厳の表れという見方が正しいと考える。というのは、行司部屋で「土俵草履」を履き、そのまま土俵溜まりまで行っても特に問題なさそうだからである。なお、この「行司部屋」は俗称であり、正式名称は「行司控室」である。国技館内の表札も「行司控室」となっている。

直垂の菊綴《きくと》じや括り紐などには階級色が用いられる。菊綴じとは糸を菊の花に似せて束ねた文様で、直垂には一八個の菊綴じが飾り付けられている。烏帽子は階級色による色分けはなく、全員同じ黒色である。現在、十両以上の行司装束には夏用と冬用がある。夏用の生地は麻、冬用の生地は絹である。装束は個人の持ち物で、行司によってその数は異なる。

余談になるが、以前は、土俵溜まりで行司の付け人が控え、行司が土俵に上がる際に草履や軍配を手渡していた。その付け人を「溜まり小使い」と呼んでいた。土俵溜まりには土俵上の行司の溜まり小使い、次に裁く行司、それからその行司の溜まり小使いが待機していた。つまり、三人の行司が土俵溜まりに座っていたのである。三役行司は通い草履から土俵草履に替え、軍配を手渡され、草履のない幕内行司と十両行司は軍配のみが手渡された。一九七一年三月には溜まり小使いを確認できるが、その後いつ廃止されたかははっきりしない。

廃止後の次場所から、現在のように花道奥で通い草履から土俵草履に替えるようになったと思っていたが、それは間違った思い込みだった。廃止後も立行司には付け人が軍配と上草履を花道奥で世話していたが、三役行司はそうではなかったようだ。立行司と三役行司の区別があったことになる。三役行司は行司部屋で上草履を履き、そこから土俵へ向かったという。

三役以上の行司が花道奥で軍配を渡され、草履を履き替えるようになったのは、実は、一九八四年三月か五月である。その二場所のうちどの場所だったかは、関係者や資料を当たったがまだはっきりしない。四一代式守伊之助によると、五月場所前の行司総会で決めた記憶があるとのことなので、始まったのは五月場所ではないかという。三月に式守錦太夫が抜擢人事で二五代式守伊之助になっている。これは五月場所説を支持する間接的な証拠となる。二四代式守伊之助と二七代木村庄之助が三月以降に相談し、五月の行司総会で提案したとも考えられるからである。

興味深いことに、現在の方式になるきっかけは二七代木村庄之助や二五代式守伊之助（のちの二八代木村庄之助）の抜擢人事と深く関係しているらしいことである。抜擢人事が行われると、同じ仲間である行司たちの間で葛藤が生じる。その葛藤を少しでも和らげるために、当時三役だった行司たちだけでもその権威を高めることを意図して、花道奥で軍配を付け人が手渡すようにしたという。以前、溜まり小使いが土俵下で軍配や草履を手渡していたシステムを思い出し、それを少し変形したそうだ。この話は現役の行司さんから聞いたが、過去の抜擢人事に関しては行司間でもまったく触れないそうだ。あまりにも微妙な人事で、当事者間だけでなく、その行司の付け人にも大きな傷痕が残っていたそうである。そのような傷痕の残る人事は表立って語ることはしなかったという。

この人事の葛藤は抜擢された行司の自叙伝などでもときどき見かけるが、追い抜かれた行司たちの心情を披露した記述は非常に少ない。いずれにしても、現在のような方式となった背景には身につまされるような悲しいエピソードがあったらしい。この話を聞いたときには、行司の人事をただ事実として書いてきたことを反省し、別の視点から見直したくなったことも事実である。抜擢人事を巡っては、行司間の葛藤だけでなく、行司の仕事の遂行にも影響する。表に出ない心情はその渦の中にいる当事者だけでなく、その周囲にいる行司仲間にも大きな影響を与える。

三．仕事と役割

本場所や巡業における行司の仕事の割り振りを決めるのは立行司と行司監督である。監督は三役から十枚目の行司三人で務める。序二段以下は付け人を務めるだけで、他の仕事はほとんど割り当てられない。立行司は各部署の仕事から外れる。仕事の役割は行司の階級によって決まるものもあるし、全員が参加するものもある。行司はできるだけ各人が平等に仕事の分担をするようになっているが、仕事によっては限定された行司が長期にわたって一人で担当することもある。加えて、所属部屋での仕事もある。どのような仕事があるか、その主なものをいくつか見てみよう。

①土俵上の取組を裁く。

取組を取り仕切り、勝敗の裁定を下す。原則として、取組を裁く行司は力士と同じ階級である。木村庄之助は結びの一番だけを裁き、式守伊之助以下十両以上の行司は二番ずつ裁く。そのため、横綱の人数や上位行司の人数などによって行司と力士の階級が一致しないことがある。その際には、幕内下位行司が十両上位力士の取組を裁き、十両下位行司が幕下上位力士の取組を裁くこともある。

②土俵入りを先導する。

横綱・幕内・十両土俵入りを先導する。横綱土俵入りは立行司と三役行司が引き、幕内土俵入りは三役行司と幕内行司が引き、十両土俵入りは十両行司が引く。土俵入りの先導者を割り振るのは行司監督だが、最終的には立行司の了承を受ける。

③場内放送をする。

取組の決まり手、土俵入りの紹介、場内のお知らせなどを放送する。数名が交代で担当する。

④番付編成会議の書記を務める。

番付編成会議で書記役を務め、番付を書き取る。出席する行司は、通常三人である。

⑤取組編成会議の書記を務める。

取組編成会議で書記役として取組を書き取る。出席する行司は、通常五名である。

⑥割り場の業務をする。

取組や勝敗の確認作業をする場を俗に「割り場」と呼んでいる。取組の勝負づけを記したものを「巻き」、別名「鏡」と呼ぶ。その鏡に全力士の勝負づけを記録する。取組や番付を決める基礎資料となるため、行司数名が担当し、確認作業を行う。

⑦番付を書く。

番付を書くのは行司の仕事である。通常、三人で行う。一人が長となり、他の二人は手助けをする。

⑧顔触れを書く。

中入りで披露する明日の「顔触れ」を書く。顔触れを書く行司は番付を書く行司とは必ずしも同じでない。

⑨巡業の部屋割りを書く。

巡業の宿泊所などの部屋割り振りで、宿泊する親方や力士の名前などを書く。また、巡業の板番付も書く。

⑩輸送係の仕事をする。

巡業の輸送に関わることを行司が行う。地方場所や地方巡業などの電車、バス、タクシー、飛行機等の手配をする。五人一組で年間を通じて担当している。

⑪土俵祭を行う。
本場所の前日の土俵祭はもちろん、相撲部屋や地方巡業などの土俵開きも行司が行う。本場所の土俵祭は基本的に木村庄之助と式守伊之助が交互に執り行っている。祭主は立行司で、脇行司を幕内と十両がそれぞれ一人ずつ務めている。土俵祭では立行司は短刀を差していない。
⑫部屋の事務的な仕事をする。
行司は部屋の親方の下で事務的な仕事をする。たとえば、冠婚葬祭、昇進披露、引退相撲などの案内状や礼状、受け付け、席割りなどである。部屋の催し物では、司会役を務めることも多い。
⑬付け人としての務めを果たす。
三段目以下は付け人として兄弟子の世話をする。幕下は有資格者ではないが、付け人は免除されている。

四．成績の評定

行司はテレビで見るような、土俵上の裁きだけを仕事にしているわけではない。表には見えないところで多くの仕事があり、それを全員で手分けしてこなしている。行司の仕事に関しては写真や図入りでその仕事ぶりを紹介しているものもあるので参考にしてみてほしい。

行司は年功序列だとよく言われるが、それは正しくもあり間違ってもいる。入門順で階級が一つずつ上がっていくという意味では正しいが、すべてに当てはまるわけではない。ときに階級を飛び越したり、同じ階級の中で地位の昇降があったりするからである。飛び級での昇格はめったにないが、過去にはあったし、今後ないとは言えない。協会規約の「行司番付編成」によると、年功序列よりも成績評価によって昇降を決めると規定されている。行司の年功序列制は一九七一年一二月に正式に廃止されている。

昇降に関する条文をいくつか見てみよう。

○「行司番付編成」の第一三条から第一六条

第一三条　行司の階級順位の昇降は、年功序列に依ることなく、次の成績評価基準に基づき、理事会の詮衡により決定する。

一　土俵上の勝負判定の良否
二　土俵上の姿勢態度の良否
三　土俵上の掛け声、声量の良否
四　指導力の有無
五　日常の勤務、操行の状況
六　その他行司実務の優劣

第一四条　成績評価は、毎本場所および毎巡業ごとに審判部長、および副部長、巡業部長、指導普及部長、副理事（現在は監事：本書注）が行い、考課表を作成する。考課表の作成は、成績評価基準ごとに加点、減点の方法にて行うものとする。

第一五条　審判部長および副部長、巡業部長、副理事（現在は監事：本書注）は作成した考課表を理事会に提出しなければならない。

第一六条　行司の階級順位の昇降は、年一回とし、提出された考課表により、九月場所後の理事会にて詮衡し、翌年度の番付編成を行う。

これは原則であり、人事は必ずしもそのとおりにいかないこともある。突然辞職する行司が出たり、不測の事態が生じたりすることもある。そのような場合、臨機応変に人事を進めなければならない。そのことを記した条文もある。

第一八条　番付編成後行司の退職があり、理事長が必要と認めたときは、詮衡理事会を開き、番付編成を行うことができる。

立行司の襲名には前任者の退職月日や空位期間など、いろいろな要素が考慮される。たとえば、二七代式守伊之助が一九九三年七月に、二八代木村庄之助が同年一一月にそれぞれ定年退職し、二人の立行司が空位だったにもかかわらず、三役の式守錦太夫が二八代式守伊之助（のちの二九代木村庄之助）を襲名したのは翌年五月場所だった。また、四〇代式守伊之助が二〇一八年五月場所後に辞職したが、三役の式守勘太夫が四一代式守伊之助を襲名したのは二〇一八年一二月である。三七代木村庄之助が二〇一五年五月に定年退職し、それ以来現在（二〇一九年五月）まで木村庄之助は空位のままである。二〇一八年五月場所後に四〇代式守伊之助が不祥事で辞職したあと、七月場所から九月場所まで立行司が一人もいない状態が続いた。実際は二〇一八年一月場所から五月場所まで謹慎処分を受けていたため、本場所は欠場していたが、番付には掲載されていた。協会は立行司が一人もいなかったのに、急いでその空位を埋めようとしなかった。三役筆頭の式守勘太夫が四一代式守伊之助に昇格したのは、二〇一八年一二月の番付発表の日だった。なお、現在、立行司に昇格しても特別にそれを表す証書は出ない。

行司は、成績が著しく優秀であれば、抜擢して順位を特進させることができる。しかし、立行司は成績評価の対象から外されている。これら行司人事については「行司賞罰規定」に記されている。

○「行司賞罰規定」の第五条から第七条

第五条　著しく成績良好な者は抜擢により番付順位を特進させることができる。

第七条　立行司は、成績評価の対象より除外し、自己の責任と自覚にまつこととする。ただし、式守伊之助の名跡を襲名した者は、襲名時より二年間は他の行司と同一に扱うものとする。

第八条　立行司にして自己の責任と自覚がないと認められたときは、理事会の決議により引退を
　勧告し、または除名するものとする。

この「行司番付編成」と「行司賞罰規定」は一九七二年一月から実施され、現在でも生きている。実施前は、行司の昇降は年功序列だったと言ってよい。一見、抜擢のような昇進もあったが、兵役義務で一時的に下位に据え置かれた地位を復帰の際に元の正常な地位に戻しているような例である。成績優秀だから抜擢したのではない。

規定では抜擢人事について明記しているが、実際に行われたのは非常に少ない。顕著な事例には次のようなものがある。

①一九七四年一月、三役三番手の木村玉治郎が三役筆頭と二番手を飛び越えて二三代式守伊之助となった。年功序列であれば、筆頭が二三代伊之助になっていたはずだ。
②同年一月、幕内四番手の式守錦太夫がその上位の三人を飛び越えて三役格三番手になっている。
③一九七五年三月と一九七六年三月、十両と幕下で小規模の抜擢人事があった。
④一九九四年三月、三役二番手の式守錦太夫が筆頭の木村善之輔を飛び越えて二八代式守伊之助に昇格した。三役格の三人を同等の立場で考査しているので、抜擢人事とは言えないかもしれない。しかし、年功序列どおりの昇格ではなく、成績優秀と評価されて昇格している。

⑤二〇一二年一一月、三役二番手の木村庄三郎が三役筆頭の木村玉光を飛び越えて三九代式守伊之助に昇格している。この場合、木村玉光が体調を崩し、式守伊之助になることを辞退しているので、厳密な意味では抜擢人事ではない。木村庄三郎が成績抜群で昇格したわけではないからである。実際、体調不良のため、地位を追い抜かれた行司は過去にも何人かいた。

⑥二〇一三年一一月、三役二番手の式守錦太夫が筆頭の木村玉光を飛び越えて四〇代式守伊之助になっている。ただし、木村玉光は体調に問題があり、式守伊之助に昇格するのを辞退している。見方によっては、後輩に地位を譲ったともいえる。

このように見てくると、抜擢人事が行われたのは非常にまれである。そのため、行司の昇降は年功序列に基づいていると言っても過言ではない。入門の順番が基調にあり、抜擢があるのは上位行司に何らかの問題がある場合である。四〇代式守伊之助は二〇一八年一月場所から五月場所まで出場停止の処分を受け、五月場所後に辞職願が受理された。その辞職願は一月場所前に提出されていた。

抜擢人事を進めるのであれば、行司全員が納得できる査定基準を設ける必要がある。査定基準に問題があれば、行司間で不協和音が生じることは目に見えている。そうなると、団体で行動する仕事がうまくいくはずがない。行司のあるべき姿を明確に示すことなく、行司を主観的に評価してはならない。客観的な評価になるよう努めるべきである。

五．取組と行司

行司は力士の取組を初めから終わりまで一定の手順に従って取り仕切る。その手順は次の五つに分けられる。

取組の五つの手順

①交替の手順　　行司溜まりに入るときから土俵に上がるまでの作法
②名乗りの手順　　力士を呼び上げるときの作法
③塵払いの手順　　取組の立ち合い役を宣言するときの作法
④立ち合いの手順　　仕切りを取り仕切るときの作法
⑤勝ち名乗りの手順　　取組の終了を宣言するときの作法

それぞれの手順に行司は従っているが、細かい所作は行司によって異なる。所作に一定の型があることは確かだが、それぞれの所作には行司の個性が発揮されているためである。たとえば、力士が立ち合うとき、足の開き方や軍配の持ち方は行司によって微妙に違うし、取組中に行司が発する掛け声にも個性がある。

六．名乗りの二声

三役以上の取組では、行司は四股名を「二声《ふたこえ》」で呼び上げる。「二声」とは四股名を二回呼び上げることである。片方が三役以上、たとえば、関脇の御嶽海と前頭の朝乃山の取組では、「かたや御嶽海、御嶽海、こなた朝乃山、朝乃山」となる。

十両最後の取組では、力士の地位に関係なく、二声で呼び上げる。これは昔の相撲の取組の名残である。江戸時代から大正年間（一九一二―二六）まで、横綱・大関が中入り前と中入り後に分かれて取組むことがあった。中入り前の十両最後の一番を「中跳《ちゅうば》ね」と呼ぶ。この「中跳ね」のとき、行司は両力士の四股名を二声《ふたこえ》で呼び上げる。その後、「中入りの触れ」の口上を述べる。

○中入りの触れ

「この相撲一番にて、中入り」

なお、三役以下の幕内力士の取組では、「豪風に錦木」のように四股名の間に「に」を入れて「一《ひと》声《こえ》」で呼び上げる。

七．行司の塵払い

取組で東西の力士が塵を切り始めたとき、行司は軍配を西の方へ向ける。これはこの取組を取り仕切るのは自分であることを宣言する所作である。これを行司の塵払《ちりはら》いと呼ぶ。そのとき、三役以上の行司は左手で軍配の左端を軽く支える。今のところ、この所作を表す名称はないようだ。それで、便宜的に「軍配左端支え」という名称で呼ぶことにする。幕内以下の行司は「軍配左端支え」をしない。つまり、幕内以下の行司は軍配を西の方へ向けるだけで、それを左手で支えることはしない。

軍配左端支えがいつ頃から始まったか、また、最初から三役以上の行司のみに許された所作であったかなど、今のところ、はっきりしない。

八．軍配の房垂らし

結びの一番では、最初の力士を呼び上げるとき、行司は軍配の房を土俵に垂らす所作を行う。この所作を表す名称はないようだが、便宜上、「軍配の房垂らし」または「軍配の房紐垂らし」としておく。結びの一番のみで行われる。そのため、立行司の木村庄之助だけにかぎらず、式守伊之助であろうと、また三役行司であろうと、結びの一番ではこの所作を行う。房を垂らして、「かたや白鵬、白鵬」と呼び上げ、軍配の方向を変え「こなた稀勢の里、稀勢の里」と呼び上げる。
なお、拙著『大相撲行司の世界』（二〇一一）の「塵払い」で軍配の房垂らしに関し、事実誤認がある。その誤りは拙著『大相撲行司の房色と賞罰』（二〇一六）で訂正した。

九．軍配

現在、軍配の形状に関して何の規定もない。現在は、ほとんどの行司の軍配が卵形である。以前は、瓢簞形が多く使われていた。現在瓢簞形を用いているのは幕下の木村悟志と木村秀朗である。江戸末期には、式守家は卵形、木村家は瓢簞形をそれぞれ使用していたという指摘もある。立川焉馬（作）『当世相撲金剛伝』（天保一五年〈一八四四〉）では式守姓の行司は卵形、木村姓の行司は瓢簞形で描かれている。しかし、当時の錦絵を見ると、式守家も木村家も両方の形を使用している。そのため、行司の家柄によって、軍配の形状が決まっていたとは言えないと考える。一時的な動きはあったが、別々の形状に至らなかったのかもしれない。いずれにしても、今のところ、それを裏づける強力な証拠はない。

軍配房に関しても興味深い話がある。房の長さは一二尺、房の糸は三六五本だというものである。これに関しては、行司が次のように述べている。

・一九代式守伊之助著『軍配六十年』（一九六一）
「軍配は、行司にとって一番大切なものですが、柄の下部は一年一二ヶ月を意味する一二尺のヒモ、その先には一年三六五日を意味する三六五本からなるフサがついています。」（一一六―七頁）

・二九代木村庄之助著『一以貫之』（二〇〇二）
「房紐は長さ一二尺（一年一二ヶ月の意味）、紐の先端の房の数は三六五本（一年三六五日の意味）。但し、立行司の場合は、結びの一番で力士名を呼び上げる際に、房の先端が土俵につくすれすれになるように、自分の背丈に合わせる。」（一八九頁）

これが真実だとすれば、比較的新しい説かもしれない。おそらく、太陽暦（グレゴリオ暦）を採用した明治五年（一八七二）以降に出たものである。というのは、江戸時代は太陰暦で一年が一二カ月、一年が三六五日という考えはなかったからである。誰かが言い出し、それが行司仲間にいつの間にか伝わっていったかもしれない。誰がいつその話を言い出したのかに興味を持ち、調べたことがあるが、結果的にははっきりしたことはわからなかった。一九代式守伊之助が言い出したようだという話は耳にしたが、それを裏づける証拠は見つけられなかった。単なるうわさ話だったかもしれない。

ちなみに、正徳四年（一七一四）の木村喜平次著『相撲家伝鈔』に軍配の絵図があり、その寸法などが詳しく記されている。それによると、房の長さは一尺八寸（二倍にしても三尺六寸）である。江戸時代の他の写本にも軍配の絵図はあるが、房の長さはこの『相撲家伝鈔』とあまり変わらない。そうなると、一二尺という長さは明治以降になる。

一〇．軍配の握り

行司が取組で力士の名乗り上げをするとき、軍配の握り方に二通りの違いがある。

・一九代式守伊之助著『軍配六十年』（一九六一）
「軍配の指し方に二通りありまして、木村流と式守流で指し方が違います。行司が取組力士を土俵上に呼び上げるとき、木村流は〝陰〟といって手のにぎりを下向きに、式守流は〝陽〟といって握りを上向きに致します。」（一一七頁）

・二九代木村庄之助著『一以貫之』（二〇〇二）
「木村と式守の違いは力士を呼び上げるとき、軍配の握り方が違う。木村家は「陰」といい、握りこぶしが上になる。式守家は「陽」といって反対に握りこぶしを下にする。」（一八八頁）

現在、木村姓は「陰の構え」、式守姓は「陽の構え」で握っているだろうか。木村姓と式守姓は途中で変わることがあり、行司は最初に教わった握りを踏襲する傾向にある。しかし、例外もときどき見られる。たとえば、二八代木村庄之助や三〇代木村庄之助は式守伊之助時代でも「陰の構え」だった。現在は二通りの握り方を維持する傾向があり、例外は非常に少ない。入門した段階で、行司監督が握り方を教えているためである。

木村姓と式守姓によって握り方に違いが生じたのはいつ頃からだろうか。幕末までは木村姓と式守姓以外の「行司姓」(吉岡姓や岩井姓など)もあったので、握り方に明確な区別が生じたのは早くても明治時代に入ってからだと思われる。文献ではっきり確認できるのは、今のところ、一九一〇年である。

・『読売新聞』(一九一〇年五月二日)

「順序格式より言えば、伊之助の相続を相当とせんも本家伊勢の海にて承引きすさまじく、且つ団扇の作法において異なるところあれば、庄三郎一躍にして庄之助を襲うべく予期せらるる。」

この記述の中の「団扇の作法において異なるところあれば」というのは、軍配の握り方の違いを示唆している。一九一〇年にはすでに木村家と式守家には握り方の違いがあったことになり、その伝統が現在も息づいていることになる。文献ではそれより以前の証拠は見つかっていないが、一八七七年にはその区別があったかもしれない。二〇代木村庄之助は一八八六年に行司に入門し、当時、軍配の握り方を教わったという記事がある。

・二〇代木村庄之助（松翁）筆『相撲興隆号』（一九三六年五月）の「行司修行の苦闘」

「私は明治一九年九歳の時に当時の伊勢の海部屋に入り、八代式守伊之助の弟子となったのでした。部屋で行司の姿勢や団扇の持ち方、触れ方、名乗りの揚げ方など兄弟子から教えられたものです。（後略）」（一三頁）

二〇代木村庄之助は握り方に二通りあったことを認めていて、式守姓を名乗っていたときは「陽の構え」をしていたに違いない。伊勢ノ海部屋は式守家の本家である。入門当時、二〇代木村庄之助が「陽の構え」だったことを実証できる資料は他に見つかっていない。

軍配の握り方に二流あったことは確かだが、それがいつから始まったかはわからない。確かな証拠は一九一〇年五月の『読売新聞』の記事だが、それ以前にもきっと見つかると考えている。

二四代式守伊之助は雑誌『大相撲』（一九八四年五月号）の「二四代式守伊之助の風雪五〇年」で次のように語っている。

「木村正直から式守伊之助へ昇進した時、木村と式守では軍配の握り方が違う。『これは一九代、ヒゲの伊之助さんが工夫された、と聞いています。つまり上側（陽）、下向き（陰）に握るので、最初はちょっと迷いました。』」（九六頁）

これは明らかに間違っている。これまで見てきたように、軍配の握り方は明治時代にも見られるからである。

なお、軍配の握りに関しては、拙著『大相撲行司の伝統と変化』（二〇一〇）の第一章でも詳しく扱っている。また、たとえば、三六代木村庄之助著『大相撲　行司さんのちょっといい話』（二〇一四）にも説明がある（一一一―二頁）。

一一．行司の帯刀

現在、立行司は短刀を差している。三役行司も横綱土俵入りのときは特別に短刀を差している。帯刀について調べていると、いくつか面白いことがわかったので、それを提示してみたい。

江戸時代は、上位の行司は大名屋敷に出入りし、その身分を表すシンボルとして帯刀を許されていた。すなわち、帯刀は立行司だけでなく、他の上位行司にも許されていたのである。行司の帯刀は一八七六年三月に廃刀令が出されるまで続いていた。その廃刀令は次のようなものである。

・『朝野新聞』(一八七六年三月二八日)の「帯刀禁止令、違反者は取上げ」
「官令第三八号　自今大礼服着用並びに軍人および警察官吏等規則ある服着用の節を除くの外、帯刀禁じられ候条、この旨布告候事。ただし違反の者はその刀取上ぐべき事。明治九年三月二八日。太政大臣　三条実美」

これにより行司の帯刀も禁止されたが、当時の相撲協会は行司の帯刀は「遊芸の一部分」なので、従来どおり木刀の使用を許してくれるようにと内務省にお伺いを出している。その願いはきっぱり拒否されている。

・『曙新聞』(一八七七年三月六日)の「相撲の行司、木刀も佩用できず」
「大阪府撚り内務省へ伺い　相撲興行の節、行司と唱うるもの従来脇差帯用候処、帯刀禁止の御規則に付き、登場の節のみ木刀相用いたき旨申し出候。右は畢竟遊芸の一部分にして、劇場に帯刀致し候とも格別異ならざる儀に付き、聞き届けしかるべきや相伺い候也。
指令(明治)九年一二月一九日)。書面。木刀といえども佩刀の儀は相成らず候事。」

この回答により、行司はすべて帯刀できなくなった。これは当時の錦絵でも確認できる。

・錦絵「境川浪右ェ門の土俵入り」、一八七八年一月、露払い・四海波、太刀持ち・勝浦、国明筆、学研発行『大相撲』(一四二―三頁)。

行司の式守伊之助(六代)は帯剣せず、代わりに扇子を差している。

その後、しばらく立行司でも帯刀できなかったが、のちに立行司だけに脇差が許された。一八八〇年頃の錦絵では立行司は帯刀して描かれているので、それまでには帯刀の許可が得られたようだ。要するに、一八七六年の廃刀令までは立行司だけでなく他の行司も帯刀していたが、廃刀令を境にどの行司も帯刀できなくなった。しかし、その後二、三年すると、立行司だけに帯刀が許された。その間、行司の帯刀は途絶えていたことになる。

帯刀がどういう理由で立行司だけに再び許されるようになったのかは不明である。上位行司の権威の象徴として捉えていたのかもしれないし、伝統の一つとして残しておきたい一心だったかもしれない。当時、勝敗を見誤ったときに切腹する覚悟を表すシンボルとしては帯刀を捉えていなかったのは確かである。切腹と帯刀が密接になったのは、ずっと後になってからである。

帯刀するときの刀はもちろん「真剣」ではない。中身は「竹光」である。竹光とは竹を削ったものを刀身にして刀のように見せかけたものである。短刀の本身は取り出して別に保管している。ところが、行司によっては真剣を土俵上で使用することもあるという。その場合は、本身が抜けないように元結を固く結んでいる。しかし、これは危険性が高いので、通常は、中身を竹光に代えて使用している。なお、短刀は先輩から譲り受けたり、刀剣店で買い求めたりしている。自分でわざわざ注文して作ることはないようだ。

一二・帯刀と切腹の覚悟

現在、立行司が帯刀するのは差違えをしたとき、切腹する覚悟を表すためのシンボルだとされている。

・一九代式守伊之助著『軍配六十年』(一九六一)

「帯刀、草履だけは立行司だけにしかゆるされていません。この帯刀とは、むかし、勝敗に不正があった場合は、土俵上で腹をかっ切るという責任感の表現ですが、それだけ行司は真剣であり、公平無私に軍配をとるのだということの裏書でもあります。」(一一六頁)。

一九六〇年に三役格にも草履が許されたので、『軍配六十年』はそれ以前のことを述べているのであろう。三役行司は横綱土俵入りを引くときだけ帯刀を許される。

行司の帯刀については江戸時代でも同様のシンボルとしての考えがあったと述べている文献がある。

・古河三樹著『江戸時代大相撲』（一九六八）

「当時（享保年間〈一七一六―三六〉より以前：本書注）の行司は、一種の権威を有し、力士、頭取（今の年寄：本書注）といえども、その勝負の検証については、やたらと口を入れることは許されなかった。行司が脇差を前半に手挟むのは、威厳を示すのと同時に、力士が必至の覚悟の取組に立合うのだから、万一にも勝負の判決を誤ったなら、死をもって謝すという責任観念の表示とみるべきである。」（二九〇頁）

江戸時代に行司が帯刀していたのは武士としての処遇を表すためだった。それが第一義的である。帯刀することと勝敗の見誤りの責任を取ることとは直接結びついていなかったはずだ。もし帯刀することにこのような意味が付随していたなら、武士の帯刀はもちろん、帯刀している他の人たちにも同様な意味づけがあったことになる。さらに、立行司だけでなく、他の行司たちにも同じ意義づけをしなければならない。そうでなければ、立行司だけを特別扱いしていることになる。

先にも触れたように、一八七六年の廃刀令が出る頃までは立行司だけでなく、他の行司も帯刀していた。そこに勝負の見誤りをしたとき、その責任を取る覚悟のシンボルという意味合いはなかったはずだ。なぜなら当時の相撲協会は帯刀を「遊芸の一部分」だと述べているからである。立行司だけに帯刀が許されるようになってから、時の経過とともに帯刀に新しい意味づけが行われるようになったのではないだろうか。

それでは、いつ頃、帯刀と切腹の観念が結びつくようになったのだろうか。おそらく、一七代木村庄之助の突然の退職と関係があるのではないだろうか。一七代庄之助は一九二一年五月場所で、大錦と鞍ヶ嶽の取組で見誤りをしている。その責任を取って、その日に辞職願を提出している。その辞職の際、庄之助本人が「今回の辞職は昔ならば、切腹である」と言っているのを、当時の雑誌や新聞は大々的に取り上げている。この発言がきっかけで帯刀に新しい意味づけが加わったのではないだろうか。この件については、差し違えだけが辞職の原因だったのかどうかに関して疑問があるが、辞職する大きなきっかけになったことは確かだ。

一三．譲り団扇

軍配は個人の持ち物だが、先輩から譲り受けることもある。中には、ずっと以前の行司の軍配が代々受け継がれて使用されているものもある。そのような軍配を「譲り団扇《うちわ》」と呼び、現在でも大事に使用されている。普通、譲り団扇は代々受け継がれてきたものだが、最近、今後譲り団扇として受け継いでいこうという意図をもった団扇も二本ほど作られている。ここで、譲り団扇と言われている軍配をいくつか見てみよう。

・木村庄之助の譲り団扇（二本）

一つは一三代木村庄之助が用いていた軍配。表に「知進知退、随時出処」、裏に「冬則龍潜、夏則鳳擧」と書いてある。もう一つは一九七一年一月、兵庫県宝塚市の清澄寺より相撲協会に寄贈された軍配。

・式守伊之助の譲り団扇（一本）

一九六〇年に式守伊之助の譲り団扇として認定された。幕末に式守勘太夫に寄贈された軍配らしい。軍配には難しい文字が書いてあるが、まだ正確に読めない漢字もある。重すぎて使い勝手がよくないという。

・式守勘太夫の譲り団扇（一本）

慶応二年（一八六六）二月、式守鬼一郎（のちの七代式守伊之助）に寄贈された軍配。箱書きが残っている。軍配の一面には「一心一声」、もう一面には「如神」と書いてある。現在は博物館に預けてあり、使用していない。

・木村正直の譲り団扇（一本）

幕末に一三代木村庄之助に寄贈され、何人かの行司を経て、大坂相撲の木村正直（のちの木村越後）に譲られた軍配。軍配には「丹心忠貞抱」と書いてある。この軍配は四代木村正直が使用していた。

・式守錦太夫の譲り団扇（一本）

これは二九代木村庄之助が錦太夫時代に使用し始めたが、錦太夫の譲り団扇として受け継がれている。この軍配には「中道実相」と書いてある。二九代木村庄之助が『相撲』(一九九九年一〇月号)の中で式守錦太夫の譲り団扇にしたいと語っている。

この他にも代々受け継がれている軍配はあるが、譲り団扇と呼ばれるものは正式に認定されているものである。ここで取り上げた譲り団扇はその歴史的経緯がかなりはっきりしている。幕末から明治初期にかけては、上位行司の軍配は錦絵などでも確認できる。そのような錦絵を手がかりにすれば、行司歴と比較しながら、誰がいつ頃どの軍配を使用していたかの経緯がわかるのである。

錦絵では下位行司はほとんど描かれないので、その行司の軍配がどのくらい受け継がれてきたのかはわからない。しかし、行司たちは先輩から譲られた軍配をよく使用している。そしてその軍配を次の行司に譲っている。それが何代か続いていることもある。しかし、このような軍配譲りは個人間で行われているため、公認された「譲り団扇」とはなっていない。

一四．吉田司家

吉田司《つかさ》家は相撲の総本山のような家柄で、江戸時代から横綱や行司の免許を出すだけでなく、相撲全般のことも取り仕切っていた。吉田司家の起源については寛政年間(一七八九―一八〇一)に書かれた自家製の「由緒書」があるが、その信頼性には多くの疑問がある。事実としては万治元年(一六五八）から二年にかけて、熊本の細川家に召し抱えられ、寛政三年（一七九一）六月の上覧相撲では相撲の司家として主導的な活躍をしている。この上覧相撲を境にして、吉田司家は名実ともに相撲界を統括するようになっていく。木村庄之助も式守伊之助も寛政以前から吉田司家の門人である。

吉田司家に従わず、独自の道を歩んだのは南部相撲を司る盛岡藩の南部行司長瀬越後である。南部相撲は独自の相撲故実を固く守っており、延宝年間（一六七三—八一）にその相撲についてまとめた古文書がある。たとえば、『相撲極伝書』、『相撲故実伝記』、『相撲答問詳解抄』などには南部相撲の特徴が随所に記述されている。

なお、文政一〇年（一八二七）の木村庄之助（九代）著『相撲行司家伝』には南部家も吉田司家の門弟だったと記されているが、事実とは異なる。つまり、吉田司家の門弟ではなく、独立した「行司の家」だった。

吉田司家による横綱免許授与は一九四九年三月の第四〇代横綱東富士まで続いた。一九五一年六月からは相撲協会が独自に横綱免許を出すようになった。その第一号が四一代横綱千代の山である。その横綱推挙式は「横綱推挙状授与式」と呼ばれ、明治神宮の神前で行われた。それが現在も続いている。

一九五一年以降も横綱昇進、三役以上行司への昇進は吉田司家に報告されていたが、一九八六年九月に相撲協会は吉田司家と完全に関係を断ち、それ以降は報告は行われていない。したがって、第六〇代横綱双羽黒からは協会独自で横綱推挙式を行っている。

一五．木村家と式守家

幕末までは木村家と式守家以外にも「行司の家」はいくつかあったが、明治の頃になると江戸相撲は木村家と式守家の二家になった。この二家は長い間互いに独立して、木村家の行司は木村姓を、また式守家の行司は式守姓を名乗っていた。出世も一家の中で決めていた。しかし、一九一一年五月に木村庄三郎（六代）が式守伊之助（一〇代）になり、さらに一九一二年五月にはこの一〇代式守伊之助が木村庄之助（一七代）に、木村進が式守伊之助（一一代）にそれぞれ昇格したことで、その独立性は完全になくなった。その後は、出世も木村家や式守家に関係なく、順番が来たら名跡を代えて襲名するだけになった。

一八八七年五月、一六代木村庄之助が木村誠道（初代）の頃、式守家に養子となったため、木村姓を式守姓に改名し、式守鬼一郎（四代）を襲名している。ところが、一八八九年三月に養子縁組を解消し、同年五月に木村家に復帰し、木村誠道に改名している。すなわち、式守から木村に行司姓を戻している。これは二家それぞれの独立性を示していると言える。

木村家の始まりについては文政一〇年（一八二七）一〇月の木村庄之助（九代）著『相撲行司家伝』に書かれている。三代までの事蹟は明確ではないが、四代目以降ははっきりしている。木村庄之助は行司の中では常に上位にあり、明治の頃は式守伊之助の上位行司と見なされていた。その木村家と式守家の席順が今日までも続いている。

他方、肥後相撲協会編『本朝相撲之吉田司家』（一九一三）によると、式守五太夫が寛延二年（一七四九）に吉田司家の門人となり、のちに式守伊之助に改名している。式守五太夫がどういう人物だったかは必ずしもはっきりしないが、式守伊之助の元祖であると見なされている。明和四年（一七六七）三月の番付では式守伊之助の名を確認できる。

現在の木村庄之助はかつての木村家の名残であり、式守伊之助はかつての式守家の名残である。二人が立行司となり、木村庄之助が式守伊之助の上位に位置づけされている。なぜそのような順序になったかは木村庄之助が歴史的に上位だったからだと言ってよいかもしれない。それぞれが独立した一家を形成していた頃は、式守伊之助が木村庄之助の上位になったこともある。しかし、それは一時的なもので、やはり木村家が首位に復帰した。当時でも木村家が式守家より優位であると見なされていたからである。六代式守伊之助が一八七七年一月から八〇年五月まで首席で、一四代木村庄之助は次席だった。この木村庄之助は一八八一年一月に首席になっている。

現在、木村庄之助と式守伊之助に地位の違いはあるが、その他の違いはほとんどないと言ってよい。両家の違いとしてよく指摘されるのは、力士の名乗りの際、軍配の握り方が違うことである。木村家は手の甲を上にして握るが、式守家は手のひらを上に向けて握る。この作法も厳格なものではない。実際、木村家の行司の中にはこの作法を守らなかった者もたくさんいたし、現在でも守らない者もいる。このように見ていくと、現在の木村姓と式守姓は昔の木村家と式守家の名残でしかなく、それぞれの家の伝統はすでになくなっている。木村庄之助と式守伊之助は地位として固定されているため、地位の違いによる差別化はある。たとえば、木村庄之助は総紫房であるが、式守伊之助は紫白房である。木村庄之助は結びの一番だけを裁くが、式守伊之助はその前の二番を裁く。協会の規約には立行司に木村庄之助は総紫、式守伊之助は紫白と明確に規定している。

一六. 由緒ある行司名

行司名の中には伝統的に受け継がれている名前がいくつかある。途切れることもあるが、復活して使われたりする。そのいくつかを示す。

式守系

式守姓の行司は木村姓の行司より数が少ない。式守姓の行司名には、式守姓全体に共通するものと、特定の部屋や一門に通用するものがある。

①全体に使用される名前

・式守錦之助
・式守錦太夫

・式守与太夫

一門や相撲部屋に所属するのではなく、式守家の行司なら誰でも名乗ることができる。受け継ぐにはタイミングがある。たとえば、すでにその名を使用している行司が昇格したり、他の行司名に代えたりして空きがあった場合などはうまい具合に継ぐことができる。しかし、そうでない場合は、別の名前を名乗り、しばらく待つこともある。

②特定の一門や部屋で使用される名前

・式守与之吉

・式守勘太夫

この二つの行司名は代々特定の一門や部屋で使用されているが、他の一門や他の相撲部屋の行司が継承することもある。タイミングによると言ったほうがよいかもしれない。たとえば、与之吉は井筒部屋で受け継がれていたが、井筒部屋に行司がいなくなると与之吉は途絶えてしまう。それで、他の部屋の行司がその行司名を名乗ることもある。また、勘太夫を名乗る行司はその前に与之吉を名乗るのが普通だったが、継承がうまくいかない場合がある。一一代式守勘太夫は襲名前は木村和一郎（高田川部屋）だった。高田川部屋は二所ノ関一門であり、従来勘太夫を名乗るのは時津風・立浪一門である。このように、行司名は必ずしも一門や部屋だけに継承されないことがある。しかし、長い目で見れば、その傾向は生きていると言ってよい。

木村系

木村姓の場合は、木村家全体の共通の行司名というものはない。しかし、部屋や一門によって使用される傾向のある行司名がある。

・立浪系　木村玉治郎、木村庄三郎
・出羽海系　木村林之助、木村容堂
・春日野系　木村善之輔、木村庄太郎、木村庄二郎
・高砂系　木村朝之助、木村誠道
・朝日山系　木村正直
・二所ノ関系　木村玉光

木村姓の場合、行司名からどの部屋か、どの一門に所属するかを推測することができる。しかし、それは傾向であって、厳格なものではない。たとえば、木村容堂は出羽海部屋だが、二〇一七年九月から一門でもない九重部屋の三役行司がその名を名乗っている。三〇代木村庄之助（二代容堂）と現在の容堂（三代、前名・恵之助）はともに番付書きをし、気心が通じていたことから名乗ることにな

ったという。これは三〇代木村庄之助から直接聞いた話である。容堂という行司名はかつては出羽海部屋所属なので、いずれ、出羽海部屋の行司が容堂という行司名を襲名するかもしれない。また、出羽海部屋に受け継ぐ行司がいなければ、他の部屋の行司が名乗るかもしれない。三〇代木村庄之助の娘と結婚した行司がいるので、その行司がいつかは木村容堂を名乗るかもしれない。

行司名には「格」みたいなものがあり、名乗る順番がある場合もある。たとえば、式守勘太夫であれば、最初に与之吉を名乗り、次に勘太夫を名乗る。順番が逆になることはない。木村林之助と木村容堂であれば、必ず林之助から容堂という順番で名乗る。しかし、式守錦太夫と式守与太夫のように、名乗る順番が必ずしも定まっていない行司名もある。つまり、錦太夫から与太夫、または与太夫から錦太夫というふうに順番を踏まないこともある。与太夫が格上のような印象があるが、実際は、錦太夫が上位行司になっていたことがある。タイミング的にそうなっただけという説明もできるが、与太夫の空きがあっても錦太夫をずっと名乗る行司もいた。上位の由緒ある行司名は絶対的な格付けがあるようで、実際は混沌としているというのが実情かもしれない。由緒ある行司名の継承を詳しく知りたければ、たとえば、『大相撲人物大事典』（二〇〇一）の「行司の代々」（六八五—七〇六頁）が参考になる。本書の行司の代数もその本に基づいている。

参考までに、雑誌『大相撲画報』（一九六〇年二月）の対談記事「行司生活五十年—二十三代庄之助・二十代伊之助にきく」から気になる話を紹介しておこう。

「（記者）　木村とか式守になるのは最初師事した人によってきまるのですか？
　庄之助　そうです。たいてい誰かを頼って入門するわけですから、その頼ってきた兄弟子が木村なら木村になるわけです。しかし、一昨年（一九五八年：本書注）行司部屋が独立したので入門順序に、たとえば三人入門したら最初は木村、次は式守、その次はまた木村と名乗らせるようにしました。」（一八頁）

立行司の庄之助が語っているので、入門順に木村と式守を順々に名乗らせたことは間違いないはずだ。実際にあったかどうかに興味を抱き、その当時行司をしていた二人の元立行司（二九代と三五代木村庄之助）に確認したところ、そういうことはなかったという返事だった。二人の元立行司によると、頼ってきた兄弟子や付け人になった兄弟子によって入門時の木村か式守は決まるということだった。この雑誌記事に語られているように、入門順に木村と式守を交互に名乗ったことがあったかどうかは不明である。

現在、入門時に木村と式守のどちらになるかは、昔と変わらず、お世話になる兄弟子が木村か式守かによって決まっている。

なお、この記事の中の「行司部屋」とは、一九五八年一月に設立された行司が運営する部屋で、一九七三年に解散するまで行司は相撲部屋から独立していた。「行司部屋」を新しく設立したのは、軍配裁きの公平さを保つことにあったが、財政上の裏付けがないことに加え、行司が相撲部屋に所属していても軍配裁きに何ら支障もないことなどから、結局、従来のように相撲部屋に所属することになった。相撲部屋も事務的な仕事をこなすのに、行司を高く評価していた。このようなことから、結局、行司は元のさやにうまく納まることになった。それが現在まで続いている。この「行司部屋」は約一五年も続いていたこともあり、当時若手の行司だった元立行司たちからもよく聞いたことを覚えている。

一九五八年から一九七三年までの「行司部屋」とは別に、現在も同じ「行司部屋」という言葉がよく使われる。現在の通称「行司部屋」は正式には「行司控室」なので、その正式名称を使えば、二つを明確に区別することができる。しかし、現在、二つの異なる「行司部屋」が存在しているわけではないので、どちらを使用しても混乱することはない。本書でも、どちらかというと、正式名称の「行司控室」の代わりに通称の「行司部屋」を使用している。

話題9　行司と印籠

現在、三役以上の行司は印籠を右腰に提げている。三三代木村庄之助が立行司を務めていた頃行司部屋で聞いた話によると、一九六〇年一月から印籠を提げることになったという。一九六〇年一月に副立行司が廃止され、それまで足袋だけだった三役に草履が許された。それと同時に、印籠も許されるようになった。

印籠は江戸時代には一般の人々が携帯した小さな容器で実用品でもあった。これが行司の世界では現在でも生き残り、しかも三役以上だけに許されるシンボルとなっている。印籠が行司の世界で一つのシンボルとして根付くようになったのは明治以降かもしれない。相撲の歴史と印籠の関わりを深く調べていないので、印籠がいつから行司のシンボルになったかは今後研究する必要がある。

印籠は現在と違って、以前は実用的な面も少し兼ね備えていた。さらに、いつの頃かはっきりしないが、少なくとも一九二一年頃には印籠を携帯できる行司とそうでない行司がいた。これは『武俠世界（夏場所相撲号）』（一九二一年五月）の「行司さん物語――紫房を許される迄」で確認できる。読みやすさを図るため、原文の字体と仮名遣いを変更している。

「行司が土俵を務めますとき、腰に提げておりますす印籠ですが、あれは多くのお客様は一種の飾りとして佩用しておるように思われるでしょうが、決してそうではありません。土俵へ上がった力士がどうかして気絶をするような場合がありますと、行司は早速印籠から気付け薬を取り出して口中に含ませたものです。従って印籠を提げることを許されぬ行司が土俵を務めておるときは行司控えにチャンと気付け薬が備えてあったものであります。ただ今では我々どもには夢にも思いいたしませぬ赤十字社派出の医員とか、協会嘱託の山崎医師が詰め切っていまして看護婦まで詰めておりますから気付けの必要はなくなりましたが、とにかくそういった意味で印籠を提げておるのであります。」（一〇二頁）

印籠の中に気付け薬以外にどのような小物を入れていたかはわからない。印籠は個人の持ち物だったので、中に入れるべきものは決まっていなかったかもしれない。二〇代式守伊之助は『大相撲画報』（一九六〇年二月号）の対談記事「行司生活五十年」の中で「腰の印籠は空ですか」という質問に次のように語っているので、日頃使用する日常的な小物だったことは何となく推測できる。

「昔は気付薬を入れて土俵へ上がったものですが、今は空で飾りです。決まりはありませんが、三役を合わせる行司くらいからつけるのが本当でしょう。」（一八頁）

印籠は規定に明記されていないため、一九六〇年頃までにどのように変化してきたかは、残念ながら、はっきりしない。

話題10　地位としての足袋の出現

現在では、足袋行司が昇格すると草履行司となる。足袋から草履の順だったと思われているが、歴史的にみると、素足行司がいきなり草履行司となっていた。それを示す証拠として相撲を描いた錦絵がある。

七代木村庄之助は天明七年（一七八七）一二月に初めて地位としての草履を許されたが、それまでは素足だった。それは天明期に描かれている錦絵で確認できる。

・天明六年三月、谷風と鬼面山の取組、春章画、ビックフォード著『相撲と浮世絵の世界』（二五頁）。
・天明六年一一月の錦絵「日本一江都大相撲土俵入後正面之図」、同書（二六頁）。

この二つの錦絵で描かれている木村庄之助（七代）は両方とも素足である。寛政（一七八九―一八〇一）期以降でも地位の高い行司は素足だったことを示す錦絵がある。

・文化一三年（一八一六）二月の錦絵、玉垣（大関）と雲草山（小結）の取組、春亭画、『相撲浮世絵』（八六頁）／相撲博物館蔵。

木村庄太郎は第四席だが、素足である。玉垣は越ノ海から改名している。

・文政六年（一八二三）一〇月の錦絵、小柳と四賀峯の取組、春亭画、『江戸相撲錦絵』（三〇－一頁）／相撲博物館蔵。

木村庄太郎は第三席だが、素足である。第三席や第四席の行司はかなり高い地位にあるのだが、やはり素足で描かれている。この木村庄太郎は文政八年に木村庄之助（九代）に昇格し、文政一〇年の錦絵では草履で描かれている。

・文政一〇年（一八二七）三月、阿武松と四賀峯の取組、春亭画、相撲博物館蔵。

この錦絵は文政六年の錦絵と図柄はまったく同じである。行司名が木村庄太郎から木村庄之助に代わり、足元が素足から草履になり、画面の力士名が代わっているだけである。阿武松は小柳からの改名である。

この木村庄太郎は文政八年（一八二五）三月に行司免許状を授与された。草履もそのとき、許されている。これは木村庄之助（九代）が文政一一年に幕府に提出した『相撲行司家伝』で確認できる。

文政八年までこの木村庄太郎は素足だった。

木村庄太郎（五代）と木村庄之助（九代）は同一人物であり、足元が素足からいきなり草履に変化している。木村庄太郎は第四席と第三席にあり素足だったことから、草履格以外の行司はすべて少なくとも文政八年までは素足だったと判断して間違いない。

それでは、足袋を履く行司が登場したのはいつだろうか。足袋を履いているのを確認できる資料には次のものがある。

・天保四年（一八三三）二月、越ケ濱と追手風の取組、五渡亭画、『相撲絵展』（一六頁）。行司は木村正蔵で、足袋を履いている。

この錦絵が描かれた年月は必ずしもはっきりしないが、天保二年から天保四年の間であることは間違いない。ここでは天保四年としておこう。そうなると、足袋行司が現れたのは文政八年以降天保四年の間と考えられる。

・天保二年（一八三一）、おもちゃ絵「新撰角力徒久し」、廣重画、ビックフォード著『相撲と浮世絵の世界』（三五頁）／個人所蔵。

行司名は記載されていないが、足袋を履いている。このおもちゃ絵の年月が正しければ、足袋行司は天保二年（一八三〇）にはすでに現れていたことになる。

文政一三年（一八三〇）三月のおもちゃ絵「大新版角力三十二附」では、行司名は記載されていないが、素足である。文政一三年一二月に天保に改元されたので、天保元年は一二月のみであることを考慮すると、足袋行司が現れたのは天保二年といえると考えていた。しかし、つい最近確認できた文政一一年四月の吉田司家関連の文字資料に足袋の記載がみつかった。そのため、足袋行司の出現は、文政八年から文政一一年の間に絞り込まれたことになる。

話題11　立行司の裁く番数

一九七一年一二月下旬、理事側の改革案に行司側が反発して、ストライキに突入した。理由にはいくつかあり、その一つが木村庄之助の裁く番数を増やすことがあった。今までは結びの一番だけを裁いていたが、それを二番にするというものだった。そのときの二五代木村庄之助は自分の時代に裁く番数を二番にしたという汚名だけは避けたいと主張している。理事側と行司側は話し合ってストライキを解決したが、ここでは木村庄之助の裁く番数に光を当てたい。

二五代木村庄之助の息子（長男）・山田義則氏は父親のストライキを振り返りながら、著書『華麗なる脇役』（二〇一一）の中で次のように述べている。

「立行司木村庄之助は江戸の昔から結びの一番のみに命を賭けるという、伝統的格式と権威は守られ、行司の給与も改善された。」（一二九頁）

この本にも書いてあるように、木村庄之助はずっと昔から結びの一番しか裁いてこなかったのだろうか。それは違うような気がしたので、少し調べてみることにした。その調査結果の一端を披露しておきたい。

現在のように木村庄之助が結びの一番、式守伊之助がその前の二番を裁く形に定着したのは一九三三年一月以降である。この場所の前後では木村庄之助や式守伊之助の欠場場所があったり、木村庄之助が一日だけ二番裁いたりもしていた。また、木村庄之助が二番裁くこともあれば、式守伊之助が一番裁くこともあった。一九二七年には大阪相撲の立行司木村玉之助が加わり、式守伊之助より下位に位置づけられていたが、裁く番数は式守伊之助とほとんど違っていない。つまり、一番裁くこともあるし、二番裁くこともあったのである。裁く番数と立行司の席次は関係なかったと言ってよい。

面白いのは、一九五二年九月以降である。式守伊之助は木村庄之助と同じ一番だけを、副立行司の木村玉之助は二番を裁いている。一九三三年以降一九五一年五月まで式守伊之助と木村玉之助は二番ずつ裁いていた。一九五一年九月と翌五二年一月と五月も同じだったはずだが、どちらかが欠場しているので、対比することができない。ここで強調しておきたいのは一九三三年以降、木村庄之助は一番、式守伊之助は二番裁いていたのに、一九五二年九月以降、両立行司の裁く番数が同じ一番になっていることである。式守伊之助も一番だけ裁いていた時期が昭和時代にあったのである。一九六〇年一月以降は現在のように、木村庄之助が結びの一番、式守伊之助が結び前の二番に定着している。行司の裁く番数は場所中の取組表で確認できる。それには取り組む力士名と裁く行司名が記されているからである。しかし、そのような取組表になったのは一九二五年五月場所以降である。それ以前の取組表には行司名は記されていない。

しかし、将軍がご覧になる上覧相撲、天皇がご覧になる天覧相撲、皇太子がご覧になる台覧相撲では、現在の取組表のように取り組む力士名と裁く行司名が記されている。これらの御前相撲の取組表を見る限り、木村庄之助は複数の取組を裁いている。普通、式守伊之助は木村庄之助より裁く番数が多い。木村庄之助であれ式守伊之助であれ、御前相撲では複数の取組を裁いているので、本場所も裁く番数は複数だったはずである

これまで見てきたことから、木村庄之助がずっと昔から結びの一番しか裁いてこなかったというのは間違った思い込みであると言える。残念ながら、江戸時代から一九二五年一月までの木村庄之助や式守伊之助の裁く番数を十分に調べることができなかったが、一九二五年五月以降の取組表を調べるだけでも、一九三二年は木村庄之助も式守伊之助同様に二番裁くこともあったし、式守伊之助が木村庄之助同様に一番裁くこともあったのである。

話題12　現在は存在しない半々紫白の房色

木村庄之助が総紫房、式守伊之助が紫白房となり、地位と房色が一致したのは一九一〇年五月である。それまでは、「準紫」という房色や「半々紫白」という房色もあった。しかし、現在はこの二つの房色は存在していない。

準紫房は紫糸の中に白糸が一本ないし三本くらい交じった房である。他方、半々紫白房は紫糸と白糸が半分くらいずつ交じった房である。準紫房は一九一〇年まで存在したが、半々紫白房は一九五九年まで存在していた。

木村庄之助の色を見ていくと、たとえば、明治時代の木村庄之助（一五代・一六代）と木村瀬平（六代）は準紫房を使用していた。それは三木貞一・山田伊之助編『相撲大観』（一九〇二）にも記述されている。

「紫房は先代（一五代：本書注）木村庄之助が一代限り行司宗家、肥後熊本なる吉田氏よりして特免されたるものにて現今の庄之助及び瀬平もまたこれを用いると雖《いえど》もその内に一、二本の白糸を交えおれり」（二九九―三〇〇頁）

一三代庄之助も白糸が交じった準紫房を使用していたとする読売新聞（一八九二年六月八日）の記事「西ノ海の横綱と木村庄の紫紐」があるが、それが真実かどうかは吟味する必要がある。というのは、一三代庄之助は紫白房を許されていたが、その後改めて準紫房も許されたとする確証がまだ見当たらないからである。同じ新聞記事では一五代庄之助が熊本の地方巡業で準紫房を特別に許されたという記述がある。

一六代庄之助は一九一〇年に総紫房を正式に許されたことになっているが、実際にいつ変わったのかははっきりしない。『東京朝日新聞』（一九〇八年五月一九日）の「行司木村家と式守家」によると、一九〇八年頃は準紫房を使用していた。

木村庄之助と式守伊之助に次ぐ第三席の立行司に目を向けてみよう。明治末期の木村進や木村誠道は第三席の準立行司で、その房色は半々紫白だった。大正時代には他にも第三席の準立行司（たとえば木村朝之助や式守与太夫）がいたが、その房色はやはり半々紫白だった。それは当時の新聞記事などから推測できる。

しかし、明治時代の木村庄三郎は一九〇五年五月に第三席の立行司になったが、第二席の式守伊之助と同じ房色だった（『時事新報』（一九〇五年五月一五日）の「真立行司木村庄三郎」）。つまり、木村庄三郎は例外的に真紫白（白糸が半々紫白房より少ない）だったことになる。

昭和時代になっても、第三席の準立行司はやはり半々紫白だった。規定では式守伊之助と同じ「紫白房」となっていたが、実際には房色で区別があった。これは藤島秀光著『力士時代の思い出』（一九四一）の記述で確認できる。

「現在玉之助は準立行司でやはり『紫白房』だが、紫色と白色が半々である。これも大関格である。」（八七頁）

一九五一年五月場所後に「副立行司」が新設され、木村庄三郎が三役行司から副立行司に昇格した。同時に従来の第三席の立行司だった木村玉之助は「副立行司」に格下げされた。それにより二人の席順は結果的に同格となり、房色は同じ半々紫白となった。副立行司の木村庄三郎は九月に式守伊之助に昇格し、房の色は真紫白になったが、副立行司の木村玉之助はその地位に据え置かれ、房の色も半々紫白のままだった。この副立行司は一九五九年一一月まで続き、翌六〇年一月場所に廃止された。つまり、副立行司が続いていた間、その地位の色として半々紫白の房色が使用されていた。

準紫房は一九一〇年四月に総紫に代わり、半々紫白房は副立行司とともに一九六〇年一月に廃止されたので、この二つは現在見ることができない。特に準紫房は使用された時期が非常に短く、見た目にもその区別ができないことから、文献でもその区別を明確に指摘しているものは非常に少なく、ほとんどすべて「総紫房」であるかのように扱われている。半々紫白房は意外と長い期間使用され、しかも数人の第三席の行司が使用してきたが、紫白房とあまり区別されていない。その理由の一つは二つの房色を規定でも「同じ紫白」として明記しているからである。

話題13　地位としての草履の出現

天明（一七八一―一八九一）以前の相撲絵図をみると、行司は草履を履いていたり、いなかったりしている。天明以前は草履が地位を表す物ではなかったらしい。それでは、いつ頃、地位の象徴となったのだろうか。それについて、簡単に触れておきたい。

結論を先に示しておくと、草履が地位として確立したのは天明七年（一七八七）一一月である。それを裏づけるものは二つある。一つは寛政元年（一七八九）一一月に寺社奉行宛に提出された文書、もう一つは相撲錦絵である。

寛政元年一一月の文書を次に示す。少しでも読みやすさを図るため、少し字句を変えてある。

「　差上申す一札の事

今般吉田善左衛門追風殿より、東西谷風、小野川へ横綱伝授被致《いたされ》候、先年木村庄之助場所上草履相用い候儀、先日善左衛門殿より免許有之《これあり》、その節場所にて披露仕候《つかまつりそうろう》例も御座候に付、この度も同様披露仕度旨《つかまつりたきむね》、牧野備前守様へもお願申上候処、苦しかる間《ま》敷《じく》仰せ渡され、有難《ありがたく》畏《かしこま》り奉り候、尤も横綱伝授の義は吉田善左衛門殿宅に於て免許致され候儀に御座候、この段牧野備前守様へも御届け申上候、これに依って一札《いっさつ》申上候、以上。

寛政元年酉年一一月二六日

勧進元　浦風林右ヱ衛門

差添　伊勢海村右ヱ門

行司　木村庄之助　煩《わざわい》に付代

音羽山峰右衛門

寺社奉行所様

」（酒井忠正著『日本相撲史（上）』（一六六頁））

この中に上草履を「先年」木村庄之助（七代）に授与したことが記述されているが、この「先年」は天明七年（一七八七）一一月である。木村庄之助は草履を履いて、天明八年春場所（四月）の本場所に登場している。これを描いた相撲錦絵「幕内土俵入りの図」（春好画、天明八年四月）がある。

この春場所を境に、相撲錦絵では木村庄之助は草履を履いて描かれている。それ以前の錦絵では木村庄之助は素足で描かれている。たとえば、錦絵「日本一江都大相撲土俵入後正面之図」（春章画、版元鶴屋、天明七年）では木村庄之助は素足である。

この錦絵では行司名が記されていないが、土俵入りを引いていることから木村庄之助と判断できる。

この七代木村庄之助は明和八年（一七七一）三月に木村庄之助を襲名しているので、寛政一一年

（一七九九）一一月の在位期間中に素足から草履を履くようになった。

これら二つの資料に基づけば、たとえば、吉田司家が寛延二年（一七四九）八月に五代木村庄之助に授与したとされる行司免許は事実を正しく反映していないことがわかる。つまり、その行司免許は

天明８年（1788）４月の草履行司（春好画）

天明６、７年の行司は草履を履いていない（春章画）

後に作成されたものに違いない。
もし吉田司家が寛延二年八月に五代木村庄之助に授与した行司免許にあるように、当時から草履が地位として確立していたなら、七代木村庄之助は襲名当初から草履を履いていたはずだ。しかし、七代木村庄之助が草履を履くようになったのは天明七年一一月（本場所では天明八年四月）である。それでは、なぜ吉田司家は五代木村庄之助の免許状に「草履」の文字を書いたのだろうか。それは七代木村庄之助以降の行司免許を参考にして後で作られたものと考えるのが自然である。その免許状には「方屋之内上草履之事免之候」とある。
地位としての草履が確立する以前にも草履に関する記述がある。木村喜平次編『相撲家伝鈔』（正徳四年）に「草履の事」として簡単な記述がある。

「草履は田舎躰にて冬は用いることもあり。御前相撲などには無礼なり。夏は素足で、冬は草履を履かず、足袋ばかりにて致すべし。すべて草履はくことは無作法なり。」

もちろん、正徳以前に描かれた相撲絵図にも草履を履いた行司は描かれている。しかし、当時でも草履は地位を表す履物ではなかったに違いない。もし草履が当時から地位を表していたなら、正徳期から天明七年に至るまでの錦絵に木村庄之助が素足や足袋姿で描かれることはなかったはずだ。

話題14　番付記載の松翁と木村庄之助

番付に「木村松翁」または「松翁木村庄之助」として記載された行司は二人いる。一人は八代木村庄之助であり、もう一人は二〇代木村庄之助である。

天保七年（一八三六）二月場所から天保一二年（一八四一）一一月の番付では、木村庄之助の右横に「木村松翁」が書かれている。しかも、この木村松翁は木村庄之助より文字が大きくなっている。右横にあることと文字が大きくなっていることから、木村松翁は木村庄之助より上位である。

八代木村庄之助は文政七年（一八二四）一月に引退したが、その後行司界で何らかのトラブルがあったらしく、天保六年（一八三五）一月に復帰し、番付では「喜左衛門再勤　木村庄之助」と記載されている。

八代木村庄之助はさらに天保七年二月に「木村松翁」と改名し、それが番付には記載されている。天保一二年一一月に引退している。

八代木村庄之助の「松翁」について、吉田長孝氏は『原点に還れ』（二〇一〇）に次のように書いている。

「（前略）庄之助は、隠居して木村喜左衛門と名乗り、天保六（一八三五）年正月に再勤した。この時は、実子の正助が一〇代目庄之助の時代で、のち天保七年から同一二年まで二〇世追風が許した木村松翁として行司の最高の栄位を飾り、先年の汚名を見事に返上することが出来たのである。」（一九一頁）

この著者は二四世吉田追風であり、八代木村松翁について記した吉田司家の文書を参考にしているに違いない。残念なのは、その肝心な文書がどういうものであるか、何も提示されていないことであ

松翁は庄之助より大きい文字（天保7年2月番付）

喜左衛門再勤とある（天保6年正月番付）

る。この記述が事実を正しく書いてあるかどうか、確認する必要がある。番付記載や「松翁」という番付名については吉田司家と相談したかもしれないが、吉田司家が行司の最高の栄位として天保時代に「松翁」という名を初めから許したというのは事実に反するように思われるからである。

八代木村庄之助が番付で「木村松翁」を使用したことに関しては、吉田司家の許しを受けていたかもしれない。この木村庄之助は現役中、吉田司家の意に背く行為を犯している。それがどういう出来事だったかの詳細はわからないが、吉田司家の逆鱗に触れたことは確かだ。実際、その出来事が原因で、吉田司家は木村庄之助の職を辞めさせようとしたことがある。しかし、吉田司家は木村庄之助の権威を考慮し、譴責《けんせき》だけで留めている。これに関連して、『原点に還れ』には次のように書いてある。


「今度の不埒の所業に対しては、相撲行司の免許取り上げのはずのところ、家柄に対し、今度は右の処置を差し止めおかれるが、下しおかれた細川家の御紋所だけは召し上げられる」(一九〇頁)

木村庄之助に対する戒告書の写しもその本の中に掲載されており、木村庄之助がトラブルに巻き込まれたことは確かである。その後、木村庄之助はこの出来事を深く反省し、吉田司家の意に背かないように心がけていたに違いない。

八代木村庄之助は番付で見るように、現役中も「木村松翁」を名乗っていたが、引退後は「年寄木村松翁」を号していたという。これは池田雅雄著『大相撲ものしり帖』（一九九〇）の「行司・松翁とは」（一九二―三頁）で確認できる。引退後に号した「年寄木村松翁」は明らかに隠居号である。現役の頃の「木村松翁」は八代木村庄之助の別名であり、他の行司と区別するための名称だといってもよい。

番付に「松翁」として記載されたもう一人は二〇代木村庄之助である。この木村庄之助は一九三六年春場所（一月）の番付に「松翁　木村庄之助」として初めて記載され、それは一九四〇年一月まで続いている。この「称号」は吉田司家の許しを受けている。協会がそれを申請し、吉田司家が許しを与えている。なお、二十代庄之助が松翁襲名を願い出た願い書が『原点に還れ』（一〇八頁）に掲載されている。

この「松翁」について、松翁木村庄之助（二〇代）は自著『国技勧進相撲』（一九四二）の中で次のように書いている。

番付に頭書「松翁」とある（1936年1月番付）

「松翁の号は必ず相伝するという訳ではありません。即ち、行司として人格技量兼備の名人の尊称として限られた人に贈られるのであります」(五六頁)

これは八代木村庄之助と内容が異なっている。八代木村庄之助の場合は他の行司との区別をするためであった。二〇代木村庄之助の場合は、「行司として人格技量兼備」を高く評価されて授与されたものである。要するに、八代木村庄之助と二〇代木村庄之助ではその「松翁」の意味合いがずいぶん異なっていることになる。

二〇代木村庄之助以降、番付に「松翁」を記載された行司はいないし、それを授与された行司もいない。しかし、「松翁」にならなかったが、その称号の授与を自己申請したり吉田司家から打診されたりした行司は何人かいる。そのような行司を次に示す。

①二二代庄之助の松翁について、『大相撲』(一九八〇年一一月号)の「二二代庄之助一代記(第一九回)」に次のような記述がある。

「三四年(一九五九:本書注)九州場所の場所前、行司部屋にしていたお寺にいる私あてに、熊本の吉田司家から『松翁を許すことがきまったから受けてもらいたい』という手紙が届いた。

松翁というのは、前にも述べたとおり、歴代庄之助中の抜群の名人にのみ許される尊称で、長い大相撲史上で三人しか許されていない。私としては思いもかけない名誉であり、私が松翁に価すると考えたわけでもなかったが、大いに感激、おこがましいけれども、この際お受けしたいという気持ちになった。

しかし、もし協会の了解をとっていないで、私のために協会と司家がもめるようなことがあってはいけないと、司家へ、協会に了承を取り付けているのか問い合わせてみると、まだ協会へいってないから、すぐに申し入れることにするという。

その後、二四世司家が私のお寺にやってきた。『庄之助さん、私が書面を持って協会へ行ったのだが、どうも雰囲気が悪いようだ。立田川（二一代庄之助）と秀の山が反対して、うやむやにしてしまう方針のようだ。もしそれっきりになったとしたらあきらめてください』といっていたが、案の定この話は、それきりになった。

九州場所をもって、五人の行司が『定年制』によって、ついに姿を消す。

庄之助は〝松翁〟を贈るといううわさがあり『協会もなかなか情愛のあることをやる』と、筆者など、目頭の熱くなるような気分にひたったものだが、うわさのままで、立ち消えになってしまった。庄之助の無念さが察しられる。（中略）

のちに、故彦山光三さんと『だまってもらっておけばよかった』と話し合ったが、松翁に推挙するという司家からの書状は、いまも大切に保管してある。」（一四六頁）

②二四代木村庄之助も「松翁」の号をもらいたいという申請を行ったが、却下されたという。池田著『大相撲ものしり帖』の「行司・木村松翁とは?」に次のように書いてある。

「二四代庄之助が晩年にこの名を要請したが許されなかった」(一九五頁)

二四代木村庄之助が誰に申請し、誰に拒否されたかははっきりしない。

③二九代木村庄之助によると、三役行司の式守錦太夫だったとき、当時の出羽海理事長(元・横綱佐田の山)から内々に二八代木村庄之助に特別な尊称、たとえば「松翁」を授与し、退職後も引き続き行司を続けさせたらどうかという相談を受けたことがあったそうだ。一九九三年一一月、二八代木村庄之助が退職すると、立行司が空位になるからである。二七代式守伊之助も同年の七月に定年退職していた。当時三役行司だった式守錦太夫は行司職にも定年制が実施されているので、定年退職した行司を引き続き現役の行司として再勤させることは無理ではないかと返事したという。このエピソードは公的なものではなく、一〇名ほどの相撲好きの集いの中で雑談風に話されたものである。理事長はこの話を理事会で取り上げることはなく、二八代木村庄之助の退職後、しばらく二人の立行司が空位のままになっている。

④「松翁」に関しては、うわさ話がもう一つある。それは二一代木村庄之助も松翁を名乗りたかったが、拒否されたというものである。

これは二四代木村庄之助の場合と同様に、誰に拒否されたのかがはっきりしない。また、誰に申請したのかもはっきりしない。その話が事実なのかどうかも、実ははっきりしない。元立行司さんと松翁の話をしていたとき、そのようなうわさ話があると聞いただけである。また、二八代木村庄之助の「松翁」申請には後援会の有志の方々が動いたという話もある。二一代木村庄之助と二八代木村庄之助の「松翁」に関する話は本当にあったのか、それとも単なるうわさ話だったのか、必ずしもはっきりしない。そのため、このうわさ話を文字にしてよいものかどうか、ためらいがある。

「松翁」の号は、つい最近まで行司の間では話題の一つとして生き続けている一方で、過去の遺物になりかけているのも確かである。二〇代木村庄之助以降、実際、どの行司も「松翁」の号を授与されていないからである。今後、それを授与される行司が出るのか、また出るとすれば、誰が授与するのか、はっきりしない。過去に授与されたことがあったとしても、それがまた復活するとは限らない。しかし、相撲の歴史を見ていると、過去にあったものがいったん廃止され、また復活するという例はいくつもある。「松翁」の場合は、どうであろうか。

なお、松翁に関しては、拙稿「大相撲の松翁」(『専修人文論集』第一〇五号、二〇一九年一一月)

でも扱っている。

第五章　呼出し、床山、若者頭、世話人

一・呼出し

土俵の周辺で裁着袴《たっつけばかま》姿で動き回っている人たちが呼出しである。呼出しは多種多様な仕事をこなしている。呼出しならではの仕事として呼出しの三大業務と言われるものがある。

①呼び上げ

控えにいる力士を呼び上げ、取組を開始する。呼び上げ終了後から審判委員は制限時間を計る。三役力士以上の取組は二声《ふたこえ》だが、それ以下は一声《ひとこえ》である。

②土俵築《つき》

土俵を構築することを「土俵築」と呼ぶが、本場所の土俵はもちろん、部屋の稽古土俵や巡業の土俵の構築もすべて呼出しの仕事である。土俵築では木材で作った独特の工具だけを使用するのが習わしである。

③太鼓打ち

相撲の開始や終了や土俵祭などで太鼓を打つが、この太鼓打ちはすべて呼出しが行う。呼出しは入門すると、先輩から太鼓打ちの訓練を受ける。櫓《やぐら》太鼓は本場所中毎日打つが、土俵祭の「土俵三周」の太鼓や「触れ太鼓」は初日の前日だけに打つ。

もちろん、この三大業務の他にも、多くの細々とした次のような仕事がある。これらの仕事をすべて一人の呼出しが行っているわけではない。

①土俵を一周しながら、懸賞旗を観客に掲示する。
②土俵を掃き清める。
③塩や水や紙を用意し、補充する。
④審判委員の席や草履などの世話をする。
⑤マイクの持ち運びや調整などの世話をする。
⑥控え力士の座布団交換を手助けする。
⑦柄杓で「水付け」の水を汲む。
⑧付け人が「水付け」できないとき、その代わりをすることがある。
⑨優勝決定戦では水桶担当者が「水付け」する。
⑩力士の仕切りの制限時間を知らせる。
⑪仕切りの時間を知らせながら、汗拭き用のタオルを差し出す。
⑫土俵や会場の進行を見ながら、節目で適宜柝を打つ。
⑬懸賞金や懸賞品などを行司に手渡す。

⑭負傷した力士の手助けをする。
⑮顔触れ言上の儀式では行司の傍で顔触れを受け取り観客に見せる。
⑯場所中は役員室の雑務をこなす。
⑰相撲部屋では部屋の手助けをする。

たとえば、高砂部屋では親方にお茶を出すのは呼出しだった〔三三代木村庄之助著『力士の世界』（二〇〇七、一三五頁）〕。しかし他の部屋でも呼出しがお茶出しを担当しているとは限らない。部屋によって仕事の分担は違うのである。

なお、呼出しの採用条件や階級については、行司と同じである。呼出しの呼称は「呼出し　太郎」というように、下の名前の上に呼出しをつけて呼ぶ。呼出しは階級に関係なく、すべて裁着袴である。背中に企業名が入っているが、それは以前、相撲が不人気で経済的に困窮したとき、その企業が支援してくれたことに感謝し、その印として残しているという。

二．床山

力士の髪結いを専門とする床屋さんを「床山《とこやま》」と言う。「床山」になるには特別の免許は必要ない。相撲部屋に所属して先輩の指導を受けながら、力士の「大銀杏《おおいちょう》」などの髪結いを習得することになる。床山の定員は五〇名である。一九九七年以降、力士数が一二名以上で床山が部屋にいない場合、申請があれば定員を超えても優先的に配属している。これは申し合わせであり、規約にはない。

床山は髪を結うとき、独特の道具を使用する。力士の髪結いには独特の「相撲の匂い」がする「すき油」を使用する。この「すき油」は通称「鬢《びん》つけ油《あぶら》」ともいう。

床山の階級は六等級に分かれているが、それぞれの等級は基本的に勤続年数によって決まる。たとえば、等級の一等は勤続三〇年以上で成績優秀な者である。最上級の「特等」は勤続四五年以上、年齢六〇歳以上で成績優秀、または勤続三〇年以上四五年未満で特に成績優秀な者である。なお、床山は「床貴」というように、名前の上に「床」をつけている。「名前」は一字である。

三．若者頭

若者頭《わかいもの(ん)がしら》について、三三代木村庄之助著『力士の世界』には次のように述べている。

「若者頭は、普通、十両や幕下で引退した力士のうち、指導者として適性がある人を協会が採用します。定員は八人で、幕下以下の力士の指導や、監督にあたります。協会内では単に頭と呼ばれることが多く、現役時のしこ名で呼ばれることもあります。

頭は新弟子に廻しの締め方から、四股の踏み方、鉄砲、摺り足、股割りなど、相撲基礎を教えます。新弟子たちが稽古場に下りると同時に監督しますから、夏場なら午前四時前、遅くとも午前五時には稽古場に立っています。」（一三四頁）

若者頭は「相撲競技その他に関し、上司の指示に従い服務する」が、次に示すような細々とした仕事をこなしている。

①千秋楽で同点決勝の場合、その組み合わせ抽選や世話をする。
②前相撲の取組や進行の世話をする。廻しを直したり、土俵上の作法を教えたりする。
③新序出世披露の世話をする。
④表彰式の世話をする。千秋楽に優勝力士からトロフィーや優勝旗などを土俵下で受け取る背広姿の男の人がいるが、その人が若者頭である。
⑤幕下以下の力士の指導や監督をする。未成年の力士を生活面で監督したり、指導したりする。
⑥力士がけがしたり病気になったりすると、その対応をする。力士がけがしたとき、車いすを用意するのも若者頭である。
⑦巡業や花相撲のとき、取組の進行役を務める。
⑧相撲部屋では親方の秘書業務をする。番付発送や関取たちの日程調整など事務的な仕事をする。

若者頭は定員八名である。服装に制限はなく、通常は普段着の上に作業上着をつけているが、千秋楽の優勝式では背広姿の場合もある。若者頭には元十両力士や幕下力士がなっていたが、最近は元前頭もなっている。二〇一九年五月のときには、前頭経験者が三名、十両経験者が五名である。この中には元幕下経験者はいない。

四．世話人

世話人について、三三代木村庄之助著『力士の世界』には次のように書いている。

「この人たちも協会が採用して、部屋へ配属されます。定員は八人（現在は一三人：本書注）、現役時代のしこ名で呼ばれるところも頭と同じですが、相撲用具の運搬や保管が仕事です。」（一三四頁）

世話人も若者頭と同じように細々とした仕事をしているが、その内容は異なる。主な仕事を次に示す。

①競技用具の運搬や保管をする。巡業のテントを張ったり、競技用の荷物を運んだりする。たとえ

ば、力士や行司の明け荷を運搬用トラックに積み込んだり、トラックから降ろしたりする。

②本場所の支度部屋の管理業務を務める。

③木戸（つまり改札の出入口）で入場係の親方の手助けをしたり、観客の整理をしたりする。

④相撲会場の駐車場やその周辺の整理をする。

⑤協会役員室の係として世話をする。

⑥親方の指示に従い相撲部屋の雑務をこなす。

世話人の定員は長い間八名だったが、二〇〇四年に一三名に増えた。それが現在まで続いている。採用条件は若者頭と同じである。現在（二〇一九年五月）、前頭経験者が一名、十両経験者が三名、幕下経験者が八名である。

話題15　触れ太鼓の土俵三周と左回り

大相撲では初日の前日に土俵祭があり、その最後に「触れ太鼓土俵三周」というものがある。呼出しが二基の触れ太鼓を叩きながら、土俵を左回りに三周する。なぜ触れ太鼓は土俵を三周するのだろうか。また、なぜ左回り（つまり時計と逆回り）に周回するのだろうか。一周や右回りでなく、わざわざ三周や左回りをするには、何か意味があるのかもしれないという好奇心から、それを調べたことがある。どのような結果になったかについて、簡単に述べてみたい。

まず、大相撲で触れ太鼓が土俵祭で土俵を三周するようになったのは一九一二年一月場所である。国技館が開館した一九〇九年六月二日にも土俵を三周しているが、それは本場所初日の前日に行う土俵祭の三周とは違うものである。六〇余名の僧侶がお経《きょう》を朗々と唱えながら、土俵を三周している。その二日後に土俵祭が行われたが、触れ太鼓は土俵を一周しているだけである。本場所初日は六月五日だった。一九〇九年六月二日の土俵三周や六月四日の土俵一周については、当時の新聞で確認ができる。四日の土俵祭で三周したことを報じている新聞は一つもない。一九〇九年六月以前は一周するのが普通だった。それが一九一一年一月まで続いていたことになる。

なぜ一九一二年一月にそれまでの一周から三周に変わったのだろうか。当時の文献ではその理由を知ることはできない。景気づけに周回を増やしただけなのか、それとも何か宗教的な理由による影響があったのか、不明である。三周する理由として、現在、次のような説明が認められる。しかし、これはのちの意味づけかもしれない。たとえば、相撲の三神に感謝の意を表し、神の数だけ三周するというものがある。土俵祭では三神に「天下泰平、五穀豊穣、土俵の無事」などを祈願する。三つの神に対して土俵を三周するというわけだ。その考えは、たとえば、次の文献で見ることができる。

『大相撲五月場所パンフレット』（一九七五年五月）

「（前略）東の花道より二組の触れ太鼓が、太鼓を叩きながら土俵溜りを三周（勝利の三神、天御《あまのみ》中主神《なかぬしのかみ》、高御産巣日神《たかみむすびのかみ》、神産巣日神《かみむすびのかみ》に敬意を表するために三周）して、土俵祭りの儀式が終わります。この二組の触れ太鼓は他の組と共に、初日の取組を市中に触れ歩きます。」（一五頁）

戸谷太一編『大相撲』（一九七七）

「参列者に御神酒が回り終ると、東の花道から触れ太鼓二組が登場し、土俵下を東から正面、西、向正面の順に三周する。これは勝利の女神に敬意を表する意味を込めている。太鼓が退場すると拍子木が入り、これで土俵祭が終了する。」（二三二頁）

土俵祭では相撲の三神を招く。現在の土俵祭で招く相撲の三神は戸隠大神、鹿島大神、野見宿禰である。この「三神」が「三周」にうまく対応し、受け入れやすい考えである。

また、三神の具体的な神々の名を挙げず、神々に祈願して三周するのだという考えもある。たとえば、二九代木村庄之助が次のように語っている。

二九代木村庄之助の話（口頭）

「一巡目は天下泰平、二巡目は五穀豊穣、三巡目は土俵の無事（今場所）を祈願して太鼓を打ちます。この話は、私が子供の頃お給仕をしながら、七代目式守錦太夫がお酒を飲みながら行司の話や勝負の見方など相撲の話を本当に何回も聞かされました。」

これには具体的な神々の名前は登場しないが、三周する名目は十分に成り立つ。三周がそれぞれの願い事に対応するからである。

土俵を左回りすることにも何か宗教的な意味があるのかもしれないと思い、宮内庁をはじめ神社や寺社にも問い合わせたが、芳しい返事は得られなかった。宮内庁によると、宮中の儀式では右回りが基本であるという答えだった。仏教の作法を土俵の三周に取り入れているのかもしれないと思い、大きな寺社に尋ねたり、仏典を調べたりした。その結果わかったことは、右回りの作法はあるが、左回りの作法はないようだった。右回りに三周するこの作法は、難しい言葉で言えば、「右遶三匝《うにょうさんそう》」というう（『岩波仏教辞典　第二版』、二〇〇二、七四頁）。神道にも仏教にも左回りの作法はないようである。それでは、なぜ相撲では左回りをするのだろうか。これに関しては、残念ながら、その理由がわからない。

土俵三周と左回りに関する話題を取り上げたのは、問題解決ではなく、問題提起をしたかったからである。当たり前に見える相撲の作法には、なぜ現状の作法なのかを問いかけてみると、意外とわからないことが多い。その一つに、なぜ土俵三周をしたり左回りをしたりするのかということがある。

なお、触れ太鼓に関しては拙著『大相撲の歴史に見る秘話とその検証』(二〇一三)でも扱っている。

第六章　土俵

一・土俵の空間

大相撲の勝負は土俵で行われる。その土俵を図形で表すと、左頁のようになる。この図形は金指基著『相撲大事典』（二〇〇二）の「土俵俯瞰図」（口絵）の記述を基本にしている。

現在は一重土俵だが、以前は二重土俵だった。一九三一年に一重土俵に代わった。二二〇頁の図は池田雅雄著『大相撲ものしり帖』（一九九〇、四四頁）に見られるものである。内側の内径は一三尺（三・九四メートル）である。二重土俵の俵の数は全部で三六俵である。

徳俵《とくだわら》

勝負土俵の四方に俵一つ分だけ少し外側に出ているところを「徳俵」と呼ぶ。はみ出ている俵の分だけ徳をするので、そう呼ばれているという。昔、野天で相撲を取っていたとき、雨水を土俵の外へ掃きだすために俵を一つだけずらしていた名残である。屋内の相撲では雨水を取り除く必要はなくなったが、それがそのまま受け継がれている。以前の絵図などでは、四方向でなく、東西あるいは南北の二方向に俵一つ分だけ空白になっているものもある。このことからもわかるように、徳俵は特別な意味があって配置されたものではなく、もともとは水はけをよくするために自在に取り外せるように配置されていたものである。

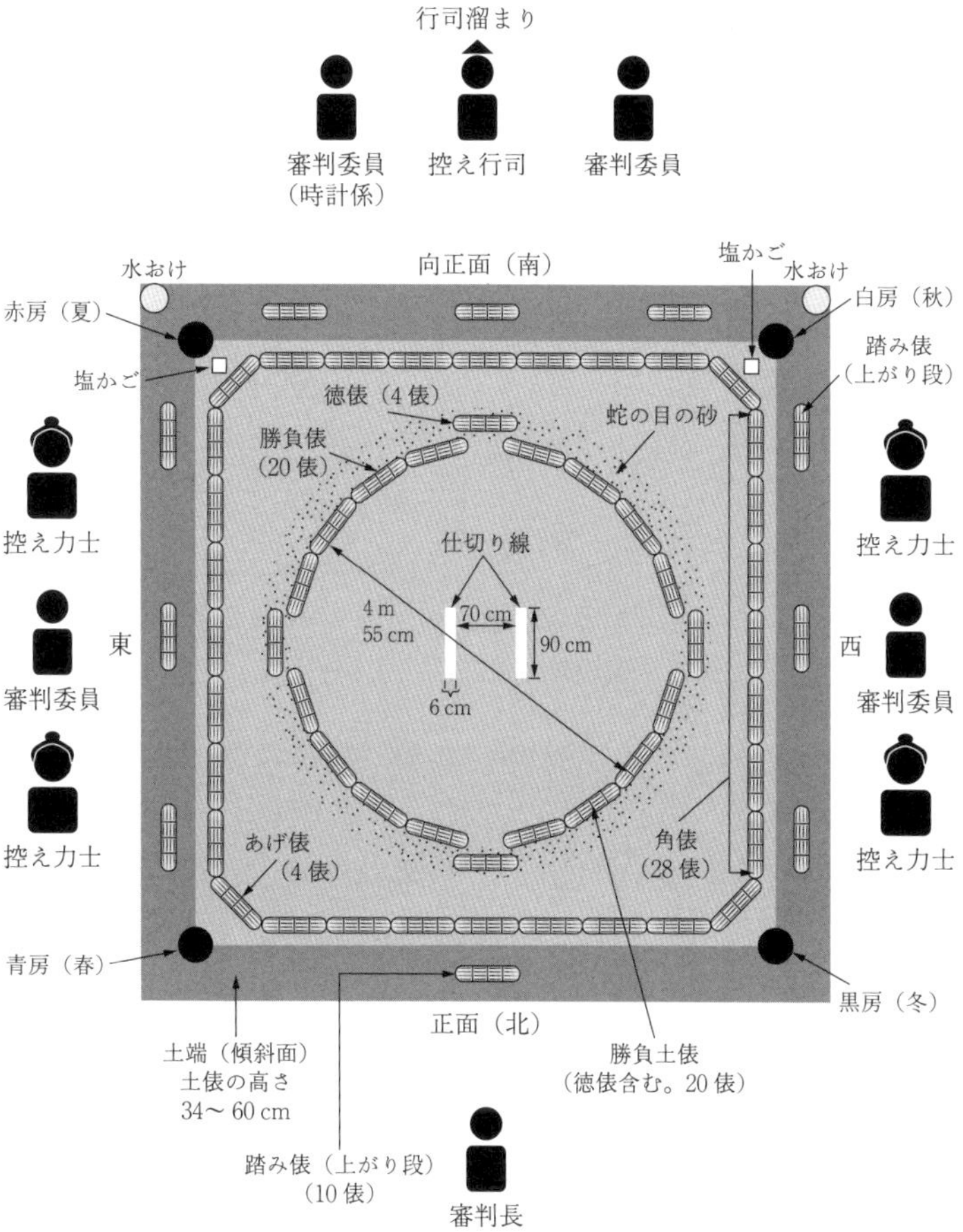

行司溜まり
審判委員
(時計係)
控え行司
審判委員
水おけ
向正面(南)
塩かご
水おけ
赤房(夏)
白房(秋)
塩かご
踏み俵
(上がり段)
徳俵(4俵)
蛇の目の砂
勝負俵
(20俵)
控え力士
控え力士
仕切り線
4 m
55 cm
70 cm
90 cm
東
西
審判委員
審判委員
6 cm
控え力士
控え力士
あげ俵
(4俵)
角俵
(28俵)
青房(春)
黒房(冬)
正面(北)
土端(傾斜面)
土俵の高さ
34〜60 cm
勝負土俵
(徳俵含む。20俵)
踏み俵(上がり段)
(10俵)
審判長

現在の土俵見取り図

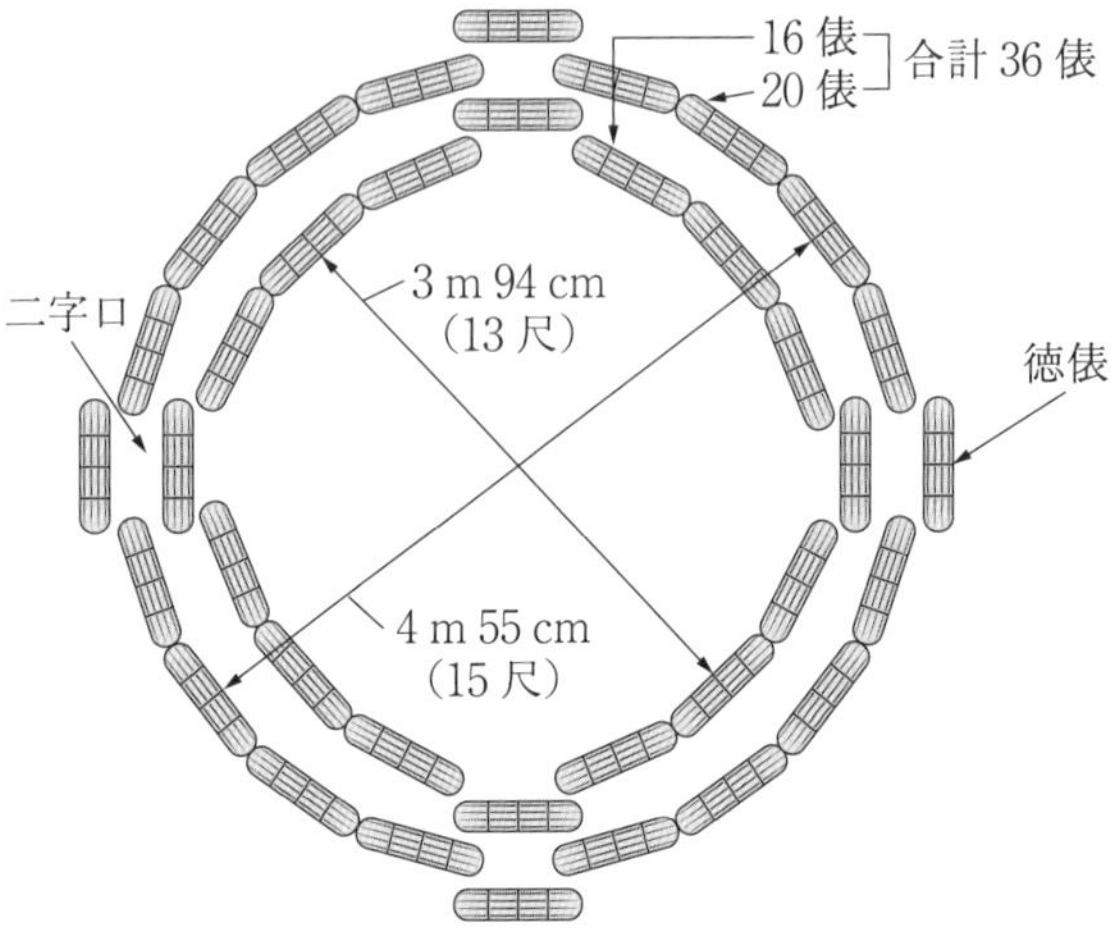

昭和 6 年以前の二重土俵

錦絵（明治 11 年）の二重土俵（中央右側に二重になっている土俵がみえる、國明画）

仕切り線

土俵中央に仕切り線が設けられたのは一九二八年一月である。同時に、ラジオの相撲実況放送も始まり、仕切り制限時間も始まった。当時、仕切り線二本の間隔は六〇センチだったが、一九七〇年五月に七〇センチに広げられた。仕切り線がなかった頃は、力士は頭を突き合わせることもあれば、遠く離れていることもあった。仕切り線の設定は相撲の取り方にも大きな影響を及ぼすことになった。なお、現在、力士は仕切り線の上や外側に手をつくことになっている。線の内側につくことは禁止されている。線の外側であれば、仕切りの位置が線からどれだけ離れていても許されている。

方角の決め方

土俵の方角（方位）は実際の方角に一致するのではなく、人工的に決められている。つまり、天皇陛下や来賓の席がある方角が北になり、顔を向けている方角が南となる。相撲では北を「正面」、南を「向《むこう》正面」と呼んでいる。正面の左側を「東」、右側を「西」とする。これは昔の相撲節会の「天子北を背にして南面す」という故事に由来するという。国技館の貴賓席は正面にあり、天覧相撲では天皇陛下は正面（北の方角）で観戦することになる。

国技館の東西の方角が現在のように正面から左側が東、右側が西に決まったのは、一九〇九年の旧両国国技館開館時である。それまでの回向院の境内は、左右の方角はその逆であった。つまり、左側が西、右側が東だった。これを裏づける新聞記事もある。

・『東京朝日新聞』（一九〇九年六月三日）の「式前の土俵」

「破風造り土俵の屋形の軒下には紫の幔幕の上に注連縄《しめなわ》を張り、二本柱には紅白萌黄《もえぎ》黒の布を結び、弓、弦、扇を束ねて南の柱に結び付け、正面玉座の下には例の優勝旗を掲げ、また東の花道には黄菊と葵の花、西の花道には桜と夕顔の花を立て連ねたるは華やかなり。また片屋の東西はこれも古式に依りて玉座より左を東とし、その右を西と定めて以前とは正反対となれり。」

現在、行司は向正面（つまり南の方角）に控えているが、そのように決まったのもやはり旧両国国技館開館時である。貴賓席の方角を北にし、かつその北方角を正面としたので、行司控えを反対方角の南側にしたのである。行司控えも以前は北側だったが、正面の方角を新たに北側に据えたので、それに伴って方角を変えている。正面の位置を変えたために、行司の控える方角の名称を「向正面」に変えたと言ってもよい。もともと行司が控えていた方角は北側だったからである。これに関しては風見明著『相撲、国技となる』（八五―七頁）にも詳しい説明がある。江戸時代の錦絵では奥の方に役桟敷（役人が監視用に控えるところ）が描かれていることがあるが、その方角が「南」になる。その反対側が「北」で、そこで控えている行司が描かれていることがある。（つまり、異なる正面（南と北の方位）から別々に見れば、東西の方位が入れ替わっている。現在は正面の左が東、右が西だが、

以前は正面の右が東、左が西だった。〕

参考までに、江戸時代の四本柱と四色について簡単に記しておく。江戸相撲の本場所で四本柱を四色の布で巻き始めたのは安政五年（一八五八）一月である。それは錦絵「勧進大相撲興行之図」（豊国筆）で確認できる。それ以降、四本柱は四色の布で巻かれている。もちろん、安政五年一月以前でも、四本柱は四色で巻かれることはあったが、それは散発的であった。たとえば、酒井忠正著『日本相撲史（上）』には、享保一七年（一七三二）に南部相撲が京都で行われたとき「四柱に五色の布を巻き」（九六頁）とある。柱を五色の絹で巻くというのは、四本柱を異なる四色の布で巻くことを表している。四本柱は四色だが、土俵の土の色を加えて五色と見なしている。南部相撲では、江戸相撲と違い、勧進相撲でも延宝期（一六七三―八〇）の頃すでに四本柱を四色の布で巻いている。

さらに、岩井流（江戸時代の行司家の一つ）の『相撲行司絵巻』（寛永八年〈一六三一〉）にも四色の四本柱を描いた絵図があり、四色の四本柱がその頃にはすでに存在していたことがわかる。しかし、その後は南部相撲を除き、江戸相撲や大坂相撲では四色の四本柱は姿を消している。いつ頃それが途絶えたのかははっきりしない。木村喜平次著『相撲家伝鈔』（正徳四年〈一七一四〉）には四本柱を四色にすることは記述されているが、それが当時実施されていたかどうかははっきりしない。おそらく、その頃はすでに途絶えていたようである。

上覧相撲では天保期に四本柱が四色の布で巻かれている。たとえば、天保一四年（一八四三）九月の上覧相撲には「土俵は外を角にして内を丸くせし二重のものにして、柱は五色の絹を巻き、（後略)」(酒井忠正著『日本相撲史(上)』、三一四頁)という記述がある。文政六年(一八二三)の上覧相撲でも四本柱を四色で描いた錦絵がある。これが事実を描いてあるならば、文政一三年の上覧相撲でも四本柱は四色だったかもしれない。文政六年と天保一四年の上覧相撲で四色だったならば、文政一三年も四色だったと推定できるからである。文政一三年の四本柱はすべて赤色だったとすれば、四本柱の色はまだ定まっていなかったことになる。文政六年と一三年の四本柱の色については文字資料での確認が必要だが、現段階ではまだ確認ができていない。このことを参考までに記しておきたい。

なお、安政五年以降の四本柱の配色や方角に関しては香山磐根筆「相撲錦絵の吟味　四本柱の色の変遷(上・中・下)」(『相撲趣味』第八八、第八九、第九二号、一九八五年四月、八月、一九八六年八月)にかなり詳しい研究がある。四本柱の色に関しては拙稿「四本柱の色」(『専修経営学論集』第八一号、二〇〇五年一一月)や「明治時代の四本柱の四色」(『専修大学人文科学年報』第四一号、二〇一一年三月)でも少し扱っている。

土端

土端《どは》は土を盛り上げた土俵の梯形の斜面を指す名称である。土端という特殊な用語よりもその土端に埋め込まれている、土俵を上がったり下りたりする「踏み俵」(あるいは「上がり段」)という用語がよく使用されている。

蛇の目の砂

これも以前とまったく同じではないが、「蛇《じゃ》の目の砂」という言葉にその名残を見ることができる。二重土俵であった頃、内土俵と外土俵の間が蛇の目模様に似ているという印象から「蛇の目」と呼び、そこに敷き詰めてある砂を「蛇の目の砂」と呼んでいた。力士の足がついたかどうかを判断するのに砂に足跡がついているかどうかを見たのである。現在でも勝負土俵の外に砂を巻いてあり、呼出しが取組開始前にはホウキで砂を掃き清めている。

二字口

この「二字口」も二重土俵だった頃の名残である。中央の踏み俵から上がった位置周辺を二字口《にじぐち》と呼んでいる。この名称は、土俵が二重だった頃、内土俵と外土俵の徳俵が「二」の字に見えたことに由来するという。現在でも行司は踏み俵を上がるとこの二字口近くで立礼したり、力士はそこで蹲踞して塵を切ったりする。二字口の正確な範囲はどこからどこまでという厳格な境界はない。踏み俵から勝負土俵内に入る周辺の場所を指している。

土俵の高さ

本場所の土俵や巡業の土俵のように、人に見せるための土俵は盛り土に築いた梯形だが、稽古のための土俵は平面に円状の俵を全体に敷いている。これを「皿土俵」と呼ぶこともある。相撲部屋の稽古土俵には俵を埋め込むことはめったにない。盛り土であることが人に見せるための土俵であることを表している。盛り土の有無がケガとどのような関係があるかはわからない。その関係を深く研究した論考を見たこともない。元禄の頃から人に見せるための大相撲では盛り土をした土俵になっていたことから、そのほうが力士のためによいのかもしれない。そうでなければ、現在まで続いていなかったのではないか。しかし、高いところから落ちれば、ケガをすることがあるのも確かである。平面でも転べば、ケガをすることがある。現在も一定の高さ（約六〇センチ）はあるが、土俵は盛り土がよいのか、どのくらいの高さが理想的なのか、改めて検討する必要があるかもしれない。

二．土俵の歴史――二重土俵から一重土俵へ

土俵の形状は歴史的には何回か変化している。現在の梯形に似た土俵は元禄一二年（一六九九）には確認できている。当時は勝負土俵（円状の勝敗を決する土俵）の直径は一三尺（約四メートル）だったし、勝負土俵の外側にもう一つ丸土俵があった。すなわち、二重土俵だった。現在の一重土俵になったのは一九三一年四月の天覧相撲である。内側の一三尺土俵を取り払い、外側の一五尺土俵だけを残したのである。一九四五年一一月場所には一尺広げ、一六尺土俵（四・八五メートル）にしたが、これは一場所だけで終わっている。

元禄期やそれ以前の土俵には四角土俵（勝負土俵が四角形の土俵）もあり、どのような経緯をたど

って現在の丸土俵に統一されたかは必ずしもはっきりしない。南部土俵（現岩手県盛岡市周辺の土俵）では伝統的に四角土俵が明治の頃まで続いていたし、昭和初期にも散発的に四角土俵で相撲が行われていた。参考までに記しておくと、江戸中期（宝永元年〈一七〇四〉九月）には大坂相撲で、また江戸末期（天保九年〈一八三八〉頃）には江戸でも四角土俵で勧進相撲が行われている（岩手県立博物館編『四角い土俵とチカラビト』、二〇〇六年、三〇―一頁）。しかし、南部相撲の四角土俵とは四本柱の色や飾り付け（たとえば屋根の鯱《しゃちほこ》）などで異なっている。

なお、土俵の形の変化については、新田一郎著『相撲の歴史』（一九九四）、同著『相撲 その歴史と技法』（二〇一六）、池田雅雄著『相撲の歴史』（一九七七）などでも詳しい説明がある。また、元禄一二年（一六九九）の丸土俵については、竹内誠著『元禄人間模様』（二〇〇〇）に詳しい説明がある。

三．土俵上の屋根

現在、土俵の上には吊り屋根がある。屋根と同様に「屋形」という言葉が使われることもある。この吊り屋根は神明造りと言われるもので、伊勢神宮正殿の屋根を模している。一九三一年一月の天覧相撲で屋根が神明造りに変わり、五月の本場所からはこの屋根になった。それが現在も続いている。

吊り屋根

四色の四本柱の代わりに四色の四房を垂らすようになったのは、一九五二年九月場所である。また、四本柱の色とその右隣りの揚巻の色が一致するようになったのは、一八九〇年五月場所である。

吊り屋根

屋根を吊るすようになったのは一九五二年九月場所である。それまでは土俵の四隅に立てた四本柱の上に屋根があり、土俵と屋根は柱でつながっていた。しかし、四本柱を取り除いたために、屋根を天井から吊るす格好になったのである。屋根を吊り状にした経緯は当時の武蔵川（喜偉）理事長の自伝『武蔵川回顧録』（一九七四）の「ファンのため四本柱撤廃」（一一四―八頁）に簡潔に記述されている。四本柱を取り除いたのは、柱が観客の相撲見物の邪魔になり、何とかしてほしいという苦情があったからだという。

除去した四本柱の代わりとなっているのが、屋根の四隅から垂れている四房である。屋根は吊るすようになったが、四本柱が垂れた四房になったことを除けば、大きな変化はない。土俵上も広々となり、観客も柱に妨害されず、相撲を楽しむことができ

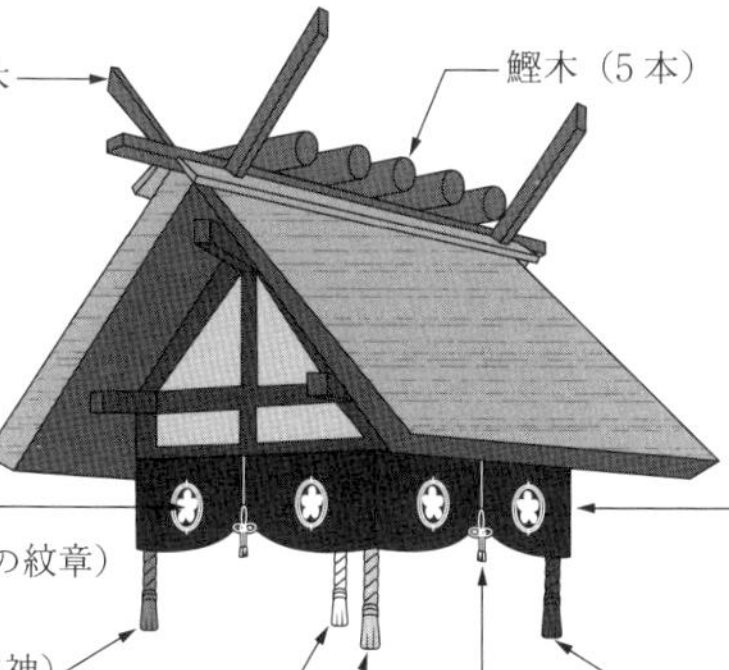

屋形の図

る。相撲の屋根を吊るすようになったのを見ると、相撲は伝統を生かしながらも、時代とともに少しずつ変革してきたことがわかる。

千木と鰹木

屋根の両端から二本の棒が斜め上に突き出ているが、その棒を千木《ちぎ》と呼ぶ。また、屋根の頂上の棟木《むなぎ》にはそれと直角に五本の丸太棒が並んで置かれているが、その丸太棒を鰹木《かつおぎ》と呼ぶ。池田著『大相撲ものしり帖』の「吊り屋根の鰹木と千木」（六九―七一頁）によると、千木にしても鰹木にしてもそれぞれ宗教的には意味があるらしいが、相撲との結びつきは必ずしもはっきりしない。

四．四房の色

屋根の下四隅に下げられた四色の房は方角を表す

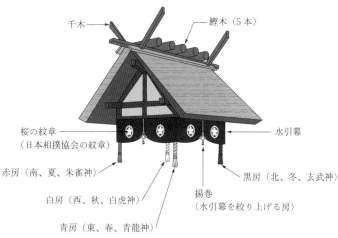

が、同時に方位と四季を司る神獣も表す。これは昔の中国思想の五行説や四神信仰に基づいている。

①青房　東　春　青龍神《せいりゅうしん》（青い龍）
②赤房　南　夏　朱雀神《すざくしん》（赤い鳥）
③白房　西　秋　白虎神《びゃっこしん》（白い虎）
④黒房　北　冬　玄武神《げんぶしん》（黒い亀）

四本柱があった頃はそれぞれの柱を方角に対応した四色の布で巻いていたが、現在は四色の糸を束ねて房にして垂らしている。

四方向の柱をそれぞれの色で表していたことは木村喜平次著『相撲家伝鈔』（正徳四年〈一七一四〉）でも確認できるが、実際の相撲場では当時、実施されていない。少なくとも絵図では確認されていない。木村政勝著『古今相撲大全』（宝暦一三年〈一七六三〉）によると、宝暦の頃の四本柱はまだ四色になっていない。四本柱を青、赤、白、黒の布で巻くようになったのは、安政五年（一八五八）一月場所以降である。それまでは四本柱は赤布で巻かれていた。紅白のときもあった。

江戸相撲と違い、南部相撲では享保一七年（一七三二）頃には四色だった。これは古河三樹著『江戸時代の大相撲』（一九四二、三〇二頁）で確認できる。南部相撲を記した古文書などによると、延宝年間（一六七三―八一）の四本柱は四色だった。

なお、江戸相撲で四本柱と同じ色の揚巻を四方向に吊るすようになったのは一八九〇（明治二三）

年五月場所である。水引幕は『相撲家伝鈔』にも言及されているが、それよりずっと以前から張り巡らされていたはずだ。たとえば『古今役者物語』（延宝六年〈一六七八〉）の挿絵にも水引幕は描かれている。東西南北を四色で表す四時・五行説は古い時代にさかのぼるので、相撲場に四本柱で支えるようになった頃、四本柱にその説をうまく反映させたようだ。実際、土俵の土は黄色を表すという解釈したり、黄色の布を天井中央に括り付けたりしている（上覧相撲や天覧相撲では水引幕の中央に紫色や赤色の揚巻を吊るすこともあるが、これは方角を表す四色の揚巻とは異なるものである）。

五．水引幕

吊り屋根の下に張り巡らされている紫色の幔幕を水引幕と呼ぶ。水引幕の巻き方については、たとえば、『相撲家伝鈔』にも見られる。この写本には「色は時に合わす」とあり、幔幕の色は当時すでに自由になっている。しかし、それ以降でも文献によって色についての言及がしばしばなされている。現在、水引幕には日本相撲協会のロゴマーク「桜」の紋章が白く染め抜かれている。

水引幕の巻き方には一定の手順があり、それは昔から受け継がれている。つまり、北から巻き始め、東、南、西の順で進み、北で巻き終わる。一説では、この巻き方の手順は太陽の運行を反映しているという。この考えは彦山光三著『土俵場規範』（一九三八）の「水引幕と太陽の運行」（八三―五頁）や、月刊誌『相撲』（一九三六年五月）の松翁二〇代木村庄之助筆「土俵祭の話」（四八頁）などで述べられている。

六．揚巻

水引幕の中央部分で絞り上げている房を「揚巻《あげまき》」と呼ぶ。この房は水引幕の四面のそれぞれ中央に垂れている。色は四隅の房色と同じで、正面が黒、東が青、向正面が赤、西が白である。

この揚巻については拙稿「土俵の揚巻」（『専修経営学論集』第八三号、二〇〇六、二四五―七六頁）でも扱っているが、中央の揚巻の色と四房の色に関して疑問を呈している。水引幕の揚巻と土俵の四本柱の色ではどちらの成立が先かとなると、拙稿では四本柱が先だとしている。故実によると、四本柱が方角を表すからである。しかし、池田著『大相撲ものしり帖』（七八頁）では中央の揚巻が先で、四本柱の色はそれに合わせると述べている。土俵の成立順序からすれば、四本柱の色が先である。水引幕と揚巻がない場合もあった。理屈では柱と柱の間が方角を表し、その中央に揚巻があるが、土俵では中央の揚巻を土俵の四隅にずらしているだけだという解釈をすることもできる。その解釈が正しいのかどうかははっきりしない。

要するに、問題は中央の揚巻の色と四隅の四本柱の色とではどれが先かということである。すなわち、中央の揚巻の色が先にあって四本柱の色はそれに従ったのか、それとも四本柱の色が先にあって揚巻の色はそれに従ったのかということである。いずれが事実に即しているのだろうか。

切妻造りの屋根（春章画）

七．屋形の変遷

現在の吊り屋根は神明造りだが、過去を振り返ると、屋形（屋根の形）は何回か変化している。その変遷を簡単にまとめておく。

切妻造り

棟木を中心に両側（二方向）が斜めになった屋根で、寛永の頃から一九〇八年一月場所まで。

四方向破風入母屋造り

下部四方向に屋根があり、上部に四方向破風があるもの。一九〇九年六月から一九一〇年一月まで。

四方向破風入母屋造りの屋根

二方向破風入母屋造りの屋根

二方向破風入母屋造り

いわゆる一般的な入母屋造りで、棟の上部に二方向破風があるもの。一九一〇年五月場所から一九三一年一月場所まで。

神明造り

切妻造りだが、棟木の上に千木と鰹木がある（二二八、二二九頁の図を参照）。一九三一年四月場所以降現在まで。鰹木は以前六本だったが、一九八五年（昭和六〇年）両国国技館から五本となった。

天災や人災などで臨時に土俵を構築して相撲を行ったときは、それが屋内であろうと屋外であろうと、多くの場合、切妻造りだった。たとえば、一九四七年夏場所から一九五〇年夏場所までは切妻造りの屋根だった。切妻造りは構築が比較的簡単だからである。

なお、土俵の屋根やその変遷については、拙著『大相撲の歴史に見る秘話とその検証』（二〇一三）でも扱っている。

話題16　本場所の土俵と女性

現在でも女性は本土俵に上がることを許されていない。土俵は神聖な場所で、昔から男性にだけ許され、それが伝統となっている。これに対し、その伝統は変えるべきだという主張もある。その主張によれば、女性を土俵から排除するのは男女差別の表れであり、その伝統は時代の変化に即して破棄すべきだという。伝統維持派と破棄派との間の論争は、現在も続いている。土俵の聖性を認めることと女性差別は根が深いからである。

伝統維持派は土俵に女性を乗せないのは差別ではなく、そういう伝統が続いているからだと主張するかもしれないが、なぜ女性を土俵に上げないのかというその根本的理由にはあまり触れようとしない。その理由の一つには、宗教的に女性を差別化する考えがあった。宗教をはじめ、どんな場合でも女性を排除してきたわけではないが、差別の背景に宗教的理由があったことが指摘されている。その差別は相撲だけでなく、トンネル工事、山岳修行、霊山などへの女人禁制、酒造りなどでも見られた。しかし、以前は女性が排除されていたものでも、現在ではそのような禁制は撤廃され、女性も許容されるようになってきている。

伝統だと言われていたものでも、時代の進展に伴ってその伝統に変化が生じることがある。それが相撲の土俵でも起こりえないということはないはずだ。現在は伝統の維持を唱えているが、その伝統はいずれ変わるかもしれない。土俵に女性を上げてもいいのではないかという考えが優勢になれば、協会も伝統を変えざるを得ない。現在は伝統の維持で女性を土俵から排除しているが、それをいつまで続けられるだろうか。女性が男性と同様に、あるいは男性を超えて、さまざまな分野で活躍する社会になれば、土俵で女性を登場させないという伝統の維持は難しくなるかもしれない。

相撲は一種の興行である。お客さんがあって、相撲興行は成り立つ。お客さんとしての女性を締め出すことによって興行が成り立たなくなれば、協会はこれまでの伝統を変えざるを得ないだろう。土俵に女性を上げることを認める立場であれば、原理で争うよりも営業面で苦境に追い込む戦略を取るのが効果的かもしれない。

もし土俵が神聖であるがゆえに、女性を土俵に上げることができないという考えに基づくのであれば、その神聖を早めに俗化させればよい。たとえば、千秋楽結びの一番の後に行われる神送りの儀式を早めに行えば、土俵上に女性であっても登場できる。神がいなければ、土俵は神聖ではなく、どこにでもある土と何ら変わりないからである。神送り儀式を行った後なら、優勝式に賞状や金品を授与するのに女性が登場しても何ら問題ない。また断髪式では土俵を浄める儀式を執り行っていないので、女性が土俵に登場しても何ら問題ない。女性を断髪式でも登場させないのが単なる「しきたり」だと主張しているのであれば、そういうしきたりは破棄すればよい。そのような例は他の分野ではいくらでもある。

相撲の世界における女性差別は土俵だけでなく、たとえば化粧廻しの作製の過程でも見られるという。また、女性が日干ししてある廻しをまたぐようなことがあると、塩を撒いてその周辺の邪気を追い払うともいう。要するに、縁起を担ぐわけだ。このような女性差別の背景には宗教的な考えがあるかもしれないが、それは容易に破棄できるものである。それには科学的な根拠がないことを周知徹底させればよいからである。力士個人のレベルで縁起担ぎをするのはかまわないが、相撲全体にまつわる縁起担ぎは止めるように協会も徹底すればよい。そのような縁起担ぎは迷信の類だと相撲協会が指導すればよいことである。

相撲は伝統を重視する世界だが、伝統はいつの時代でも変わらないものではない。実際、相撲は昔と今ではずいぶん変わっている。ここでは、女性を土俵から排除する伝統を重点的に取り上げたが、それらの伝統をもいつまでも変わらない伝統だと言い張る必要はない。たまたま現在は女性を排除しているが、いつかは見直してもよいはずだ。それがいつかは、もちろん、予測できない。そういう時期が来たら、見直すことになるはずだとしか言えない。

なお、参考までに記しておくと、国技館での断髪式は本土俵と同じ土俵上で行われるが、その土俵にも女性が上がることは許されていない。たとえば、妻が花束を夫の元・力士に手渡すときは、土俵下から手渡している。家族の者でも女性であれば、土俵に上がれないのである。女性が断髪式の土俵に上がれないのは、その式の前日か直前に簡略化された土俵祭（あるいは土俵開き）を行っているためではないかと筆者は考え、行司に確認したが、断髪式ではそういう儀式は行われないということだった。つまり、土俵を神聖化する儀式を行っていないにもかかわらず、女性は土俵に上がることが許されていないのである。おそらく、伝統的に行われてこなかったので、それを単に踏襲しているにすぎないようだ。そういう伝統であれば、それならば止めようと思えば簡単に止められるはずだ。伝統であればそれを維持することに意義があるという見方もできるが、時代の流れに即して変えていくべきだという見方もできる。現在は前者に従っているだけなのである。

福祉相撲のような花相撲が国技館で行われるときでも、その土俵で大相撲の取組が行われるが、断髪式同様に土俵を清める儀式はないとのことである。わんぱく相撲が行われるときは、本場所番付書記の三名で簡略化された土俵開きをその前日に行うという。地方巡業などでは土俵開きを行う場合もあるし、そうでない場合もある。勧進元から依頼があれば、行司のお祓いではなく、先発（先乗り）親方や土俵築《つき》の呼出しさんがお酒や塩を少し撒いて終了するという。要するに、非常に簡略化した儀式を行うのである。地方巡業でも基本的には女性を土俵に上げないが、遠藤泰夫著『女大関若緑』（二〇〇四）によると、元・女性力士「若緑」を土俵に上げて元・横綱前田山が挨拶している。これは例外的出来事だが、前田山は女性力士であっても男性力士同様に立派な力士だと称賛している。これをどう評価するかは各自の判断にゆだねることにする。

女性は土俵上だけでなく、相撲では男性と同じ扱いは受けていない。そのことを扱っている本や論考はたくさんあるが、参考までに、いくつかを示しておきたい。

・内館牧子著『女はなぜ土俵にあがれないのか』幻冬舎、二〇〇六。
・大越愛子著『女性と宗教』岩波書店、一九九七。
・大越愛子・他著『性差別する仏教』法蔵館、一九九〇。
・木津譲著『女人禁制――現代　穢れ・清め考』解放出版社、一九九三。
・鈴木正崇著『女人禁制』吉川弘文館、二〇〇二。
・『歴史読本』（特集――女人禁制　禁じられた聖域）新人物往来社、一九九二年五月号。

相撲と女性に関する論考がいくつかある。

・古河三樹著「附　女相撲」『江戸時代大相撲』三四七―七八頁、雄山閣、一九六八。
・源淳子著『女人禁制――Q＆A』解放出版社、二〇〇五。
・ミルチャ・エリアーデ著、風間敏夫訳『聖と俗』法政大学出版、一九六九。

相撲と女性の関係に関心があれば、宗教との関わりを否定することはできない。その視点に立てば、宗教と女性の関係も調べる必要がある。その関係を調べていけば、興味がますます広がっていくかもしれない。たとえば、生命に関わるような緊急時には女性を上げてもよいのかどうか。それは土俵の神聖という視点ではどう捉えるべきなのか。もう一つ例を挙げれば、わんぱく相撲では地方で勝ち抜いてきた女性がいたが、国技館の土俵でその女性が相撲を取ることを禁止したことがある。実際はその女性が辞退したが、それは結果論にすぎない。土俵祭を行った土俵では、伝統に従ってその女性は登場できないのだろうか。これは明らかに宗教と関わりのある問題である。女性を土俵に登場させてこなかった伝統があり、たまたまそれに従っているだけだと主張しても、その伝統の発端は宗教と関係しているに違いない。

第七章　協会組織と相撲部屋

一・協会の役割

日本相撲協会の正式名称は「公益財団法人日本相撲協会」である。文脈に応じて、単に「日本相撲協会」「相撲協会」「協会」というように略して使用することが多い。

相撲協会の「定款」の第三条には協会の目的について次のように明記している。

この法人は、太古より五穀豊穣を祈り執り行われた神事（祭事）を起源とし、我が国固有の国技である相撲道の伝統と秩序を維持し継承発展させるために、本場所及び巡業の開催、これを担う人材の育成、相撲道の指導。普及、相撲記録の保存及び活用、国際親善活動を行うと共に、これらに必要な施設を維持、管理運営し、もって相撲文化の振興と国民の心身の向上に寄与することを目的とする。

この条文の中には相撲を巡る歴史や現状などが抽象的に表現されている。それぞれの項目について具体的に見ていくと、さまざまな意見が出てくるのは必至である。たとえば、どのような祭事があったか、相撲がどこで「国技」として定められたか、相撲道とはいったい何なのか、相撲文化とはどのようなものを指すのか、などを詳細に吟味するとなると、人それぞれ思いが違うはずである。一つひとつに対する答えは一つでないにしても、相撲は第三条に明記されている「目的」の達成を目指している。

その目的を達成するために、協会はいろいろな事業を行っている。定款の第四条には、次の事業を行うことを明記している。

①本場所及び巡業の開催
②相撲道の伝統と秩序を維持するために必要な人材の育成
③相撲教習所の維持、管理運営
④青少年、学生等に対する相撲道の指導普及
⑤相撲記録の保存及び活用
⑥国技館の維持、管理運営
⑦相撲博物館の維持、管理運営
⑧相撲診療所の維持、管理運営
⑨その他この法人の目的を達成するために必要な事業

これらの事業は日本国内だけに限らず、海外でも行うことにしている。しかし、中心は国内である。たとえば、年六回の本場所は国内で定期的に行われている。本場所の会場に直接観戦に行かなく

ても、テレビ観戦などでその事業の一つを楽しむことができる。ときどき海外で行われる相撲巡業は国際親善の一つで、日本の国技を披露する絶好の機会となっている。相撲に直接関わっている人はこれらの事業に精通しているが、一般の人の中にはどんな内容の事業なのか理解していない場合もあるかもしれない。この際、相撲協会がどのような事業を展開しているか、認識を深めてもよいかもしれない。

相撲協会には第三条の「目的」や第四条の「事業」運営を円滑に達成するためにいくつか部署が設けられている。その部署と役割について、「協会の使命・組織」の中に簡潔に整理したものがあるので、それを次に示す。

①相撲教習所　新たに相撲協会に登録された力士を六カ月間指導教育する施設。
②指導普及部　相撲伝承のため相撲技術の研修、指導普及相撲道に関する出版物の刊行等を行う。
③生活指導部　協会員の生活指導に当たり、適当な指導を行う部署。
④事業部　東京での本場所の実施運営を行う部署。
⑤審判部　本場所相撲における勝敗の判定及び取組の作成を行う部署。
⑥地方場所部　大阪、名古屋、福岡の地方本場所の実施運営を行う部署。
⑦巡業部　地方巡業の実施運営を行う部署。
⑧広報部　国内および海外に対する後方業務を行う。また、映像の撮影、製作、管理を担当する部

署。

⑨相撲競技監察　本場所相撲における故意による無気力相撲を防止し、監察、懲罰することを目的とする機関。

⑩相撲博物館　主に相撲の研究、相撲資料の展覧・整理・保管および出版の刊行を行う。

⑪相撲協会診療所　主に協会員の診察にあたる施設。

これらの部署に加えて、諮問機関として「横綱審議委員会」がある。

横綱審議委員会　協会外の有識者の委員によって構成され、主に横綱の推薦を行う機関。

この「横綱審議委員会」は、もちろん、横綱の推薦だけを行うわけではない。横綱に関連する事柄であれば、それを討議することになっている。もっと詳しく述べているものに「定款」の第五二条二項がある。それには次のように明記されている。

横綱審議委員会は、横綱推薦、その他横綱に関する諸種の案件につきこの法人の諮問に答申し、又はその発議に基づき進言するものとする。

興味深いのは、力士には階級がいくつかあるのに、最高位の「横綱」だけの諮問機関として横綱審議委員会が設けられていることである。それだけ「横綱」という力士は相撲の世界では特別であり、他の下位力士にない特権も与えられている。たとえば、横綱は下位に降格することはないし、退職後五年間は「年寄待遇」を受けることもできる。

二．年寄

この年寄は「親方」とも呼ばれることが多いが、「親方」は正式名称ではない。「年寄」とは「年寄名跡目録」に記載されている名称のことで、それを取得するには「力士」として協会に在籍し、一定の実績を満たさなければならない。その条件を満たすと「年寄」になる資格を得たことになる。その後、「年寄名跡」を取得し、「年寄名跡目録」に記載されると、正式に「年寄」となる。それを証明するものとして「年寄名跡証書」が交付される。年寄名跡の人数は現在、一〇五名となっている。「年寄」になる資格があっても、「年寄名跡」を取得するには多額の金が要ると言われている。これは需要と供給の関係である。年寄の人数は一〇五名であるのに、年寄名跡を獲得したい候補者が多ければ、競争が激しくなる。年寄名跡は「親方株」「年寄株」などとも呼ばれるが、それはその名跡が一種の株としてみなされるからで、たとえであって正式な名称ではない。

それでは、年寄名跡を取得する資格条件とはどんなものだろうか。それは、概して、次の三つのうち、いずれかを満たすことである（詳しくは第四八条）。

・三役に一場所以上在位していること。

・幕内に通算二〇場所以上在位していること。

・幕内・十両に通算三〇場所以上在位していること。

番付で三役以上に記載されることは非常に名誉なことである。力士はそれだけを目指して相撲を取っているわけではないが、三役以上の力士になればそれに伴って報いも大きくなる。これらの条件を満たしていても、年寄名跡を取得するには日本国籍を有していなければならないというもう一つの条件がある。たとえば、外国出身横綱や大関が年寄名跡を取得したければ、まず日本に帰化しなければならない。旭天鵬や朝赤龍は「年寄」だが、「年寄」になる前に日本に帰化している。

なお、横綱は引退後五年間、大関は引退後三年間、「年寄待遇」の権利を与えられている。それは「年寄名跡」とは異なり、期限が来ると引退することになる。しかし、年寄名跡を取得すれば、定年退職まで協会に留まることができる。また、以前は横綱として偉大な業績を残し、協会に大きな貢献をした横綱には「一代年寄」の権利が授与されたことがあるが、現在はそのような横綱はいない。貴乃花はその権利を有していたが、二〇一八年一〇月に協会を退職したので、その時点でその権利も失っている。

協会は一〇五名の年寄を構成員としてその運営を行っている。もちろん、行司や呼出しなども協会の構成員だが、協会の運営は基本的に一〇五名の年寄で行っている。年寄は協会の「評議員会」の構成員で、協会の目的を達成するためにさまざまな仕事の分担をしている。理事会は協会の最高機関だが、それを担っているのもやはり年寄である。理事は二年ごとに選挙で選出している。他の部署もその長は原則として理事であり、それを支えているのは年寄である。

相撲部屋の師匠は「年寄」である。部屋のオーナー的存在なので、「部屋持ちの年寄」あるいは「部屋持ちの親方」と呼ばれることがある。部屋に属し、師匠を支えている年寄を「部屋付き年寄」または「部屋付き親方」と呼ぶ。部屋には必ず「師匠」としての年寄がいるが、「部屋付き年寄」はいなくてもよい。また、部屋付きの年寄が複数いる部屋もある。師匠であれ部屋付きの年寄であれ、給与は協会からそれぞれに支給される。これは部屋に支払われる諸手当とは別物である。すなわち、部屋付きの年寄は協会の一員であり、給与も協会から支給されている。部屋の師匠が支給しているのではない。給与を協会から支給されていることでわかるように、年寄は相撲部屋で協会の仕事を行っていると解釈してもよい。その仕事の一端は力士を指導監督することである。

「定款」の第八章「相撲部屋における人材育成業務の委託」の第四六条には二つの規定がある。

①この法人は、相撲道を師資相伝するため、相撲部屋を運営する者及び他の者のうち、この法人が認める者に、人材育成業務を委託する。

②この法人は、業務委託に関して、規程に定める費用を支払う。

また、第四八条には「年寄は、理事長の指示に従い、協会事業の実施にあたる」ことも規定されている。

これらの規定に基づいて、部屋の師匠や部屋付き親方は部屋だけでなく、協会の各種の業務に携わっている。

三．相撲部屋の数

部屋持ちの親方を「師匠」と呼ぶが、部屋には部屋付きの親方、女将さん、マネージャー、師匠の家族などがいる。家族と力士は同じ屋根の下で暮らしていても、生活の場は別々である。特に幕下以下の力士は共同生活をし、共に相撲の技を磨きながら、師匠、関取、部屋の協力者などから相撲世界のしきたりなどを学ぶ。力士は付け人（または付き人）を経験するのが普通なので、自叙伝ではその当時の生活ぶりを描いているものが多い。たとえば、尾川正巳著『相撲一途』（二〇〇二）もその一つである。十両以上の関取は一般的に相撲部屋とは別に住み、稽古のときは部屋に来る。相撲部屋には関取用の個室も用意されている。

二〇一九年五月現在、相撲部屋の数は四六ある。したがって、師匠は四六人である。四六の部屋は五つの一門に分かれている。力士は必ずいずれかの相撲部屋に属している。いずれかの部屋に属すれば、いずれかの一門にも必ず属することになる。この一門という単位は、「協会規約」には明記されていないが、「申し合わせ」のような内規では明らかに存在している。

関取には付け人がいて、その付け人が関取の身の回りのことや細々とした用事などを世話する。関取は付け人に相撲の技や相撲界のしきたりを教えたり、一人前の人間になるための一般常識などを教えたりする。関取と付け人は「主従関係」にあるが、それだけではない。「相互協力関係」の面も少しはある。たとえば、付け人が関取に対戦相手の得意な技を教えることもあるし、関取が付け人に相談をしたりすることもある。

なお、師匠の妻を女将《おかみ》さんと呼ぶが、女将さんは師匠の裏方であり、力士の母親みたいな存在でもある。また、マネージャーは部屋の管理者みたいな存在で、師匠の指示に従って部屋全般のことを管理する。マネージャーは協会に属さず部屋で雇っている。

四．五つの一門

一門とは本家と分家のような関係にある相撲部屋の総称である。本家からも分家からもさらに新しい分家が生まれるが、その分家はすべて同じ一門に所属することになる。これが基本的な姿だが、現実にはその関係が常に維持されているわけではない。

現在（二〇一九年五月）、五つの一門がある。相撲部屋は四六あり、それぞれの部屋は五つの一門のいずれかに所属している。

○一門の名称

五つの一門は次のとおりである。

・出羽海一門
・二所ノ関一門
・時津風一門
・伊勢ケ濱一門
・高砂一門

どの部屋がどの一門に所属するか、部屋の年寄などに関する詳しいことは、章末の「五つの一門と相撲部屋」に示してある。

二〇一八年六月までは、この五つの一門のほかに「貴乃花一門」もあった。貴乃花は二〇一〇年に二所ノ関一門を離脱し、しばらく貴乃花グループを形成していた。二〇一四年に六つ目の一門に格上げされ貴乃花一門となったが、二〇一八年六月に消滅した。貴乃花一門に所属した部屋はしばらく阿武松グループを形成していたが、それぞれ右に示した五つの一門に移っている。これは二〇一八年七月に、相撲部屋は五つの一門に属することが申し合わせで決まったからである。貴乃花部屋は師匠の貴乃花が二〇一八年九月に引退届を協会に提出し消滅したので、所属していた力士たちは全員千賀ノ浦部屋（二所ノ関一門）に移籍した。

五．一門の結束

一門としての結束は江戸時代からあり、現在でも続いている。その結束がどのような形で表れているか、いくつか見てみよう。

1　冠婚葬祭

祝い事、結婚、葬儀などは一門内で行うのが普通である。参加者も主として一門内の人々である。他の一門の参加者は「一門外の者」として扱われている。

2　理事選や人事

二年ごとに行われる理事選では選挙の前に候補者を絞るのが普通である。一〇名の理事を選出するのに親方の人数を計算し、一門から候補者を決める。近年はその候補者を絞る段階でスムーズに事が運ばず、一〇名を超す候補者が出ることもある。そのことが原因で内紛が起こることもあるが、基本的に理事は一門内で候補者を決めていると言ってよい。

3　行司、呼出し、床山、世話人、若者頭の融通

行司、呼出し、床山、世話人、若者頭は相撲部屋に配属されているが、それぞれ人数に定員があるため、相撲部屋によっては配属されない。そのため、これらの協会員は他の部屋に出向き、仕事をしなければならない。通常その場合、一門内の相撲部屋である。要請があれば、他の一門の相撲部屋に出向くこともある。また、一門外であっても部屋が隣接していれば、一門内の枠にこだわらないこともある。特に行司と呼出し以外はその傾向が強い。

4　横綱土俵入りの介添えの支援

横綱土俵入りでは介添えとして露払いと太刀持ちがいる。横綱のいる部屋にその役割のできる力士がいない場合、他の部屋から力士を融通してもらうことになる。そのような場合に頼るのは、一門内の相撲部屋である。これは慣習であって、実際は他の一門から融通してもらうこともある。他の一門の力士を介添え役にする場合は、横綱と個人的に親しくつき合っていたり親方同士の仲がよかったりする場合が多い。しかし、普通、一門内の相撲部屋から融通してもらうと言ってよい。

5　付け人の支援

関取（つまり十両以上）の付け人となる幕下以下の力士が少ないとき、他の部屋から必要な付け人を融通してもらうことがある。部屋に幕下以下力士が少なく、関取が何人かいれば、それだけ付け人の数が足りなくなる。その付け人は一門内の部屋に所属する力士である。部屋に付け人の数は揃っていても、他の部屋の力士を付け人として預かることもある。付け人をしながら、関取から相撲のことを学んでほしいという師匠の粋な計らいである。

6　連合稽古

稽古は普通それぞれの部屋で行う。ときには「出稽古」と言って他の部屋に行って稽古することもある。また、一門の力士が集まって稽古をすることもある。これを「連合稽古」と呼ぶ。連合稽古は技を磨くのが第一目的だが、一門の絆を深める親睦会の役割もある。一般には第一義的な目的だけが強調されるが、技を磨くためだけなら一門にこだわらず、どの部屋でも自由に参加するようにすればよいはずだ。しかし、「連合稽古」の場合、暗黙の了解で一門の力士に限定されている。暗黙の了解があっても、これにこだわらない力士もいる。一門外の力士が連合稽古に参加する例がときどき見られるからである。一門内の部屋は師匠同士の間で深いつながりがあり、一種の共同体だという意識が働いている。そういう意識はこのように集まることによって力士にも受け継がれていく。連合稽古は一門内のお祭りだと言ったら、言い過ぎだろうか。

7　師匠の了承

新しく相撲部屋を興すとき、自分が所属していた部屋の師匠の了承が必要となる。所属部屋の師匠とはもともと師弟関係にあるので、その絆はものすごく緊密である。このような関係にある部屋同士が一門を形成している。現在でもその関係を確認できるのは、新しく相撲部屋を興すときの手続きである。これは規定に明確に定められている。規定では「一門」や「系統」という表現は使われていない。規定では部屋設立のために師匠の了承が必要であるという手続きのことを明記してあり、それは結果的には師匠との絆を確認する手続きである。本家と分家はこのように深く結びついているのである。

六．一門の歴史

一九五七年頃までは、一門は一つの単位として役割を果たしていた。そうせざるを得ない仕組みになっていたと言ってよい。というのは、本場所以外は協会からの資金がほとんどなく、相撲部屋は日常の生活資金を自分たちで稼がなければならなかったからである。本場所の合間は非常に長い。相撲巡業では生活資金を稼がなければならない。巡業を行うときは一門でやったり、部屋がいくつか集まって組合としてやったり、相撲部屋が単独でやったりしていた。部屋単位で行う巡業を「小相撲」と呼んでいた。また、数部屋の合同や一門別で行う巡業があり、それを「組合別巡業」と呼んでいた。巡業内の組み合わせは常に一定ではなく、ときどき変わっている。

何事を行うにしても、一門内でやるのが普通だった。そのため、他の一門と顔を合わせることはほとんどなかった。生活の場は一門であり、全体としての協会ではなかったのである。協会は一門を単位として認めていた。その端的な表れが「取組制度」(取組編成の仕方)である。以前は、一門内では部屋が違っても取組むことがなかった。これを「一門系統別部屋総当たり制」と呼ぶ。現在では取組は「部屋別総当たり制」で、一門内であっても部屋が違えば取組むことになっている。これは一九六五年一月から始まっている。

一門の結びつきが緩くなったのは一九五八年、協会の下で多くの改革が実施された後である。たとえば、巡業が協会の下で行われるようになり、一門や組合単位で行う必要がなくなったのである。給料も協会から支給されるようになった。この影響は非常に大きい。お金に関することが協会の下で行われるようになれば、従来の見方にも変化が起きるのは当然である。日常の資金源が協会から支給されれば、一門にこだわる必要がないからである。関取の給与は個人に支給されるが、養成員奨励金や部屋維持費などは部屋に支給される。お金の出どころはすべて協会である。以前のように、お金の配分に関し、一門という単位はまったく関係ないのである。協会も制度を改革し、一門という単位を事実上なくし、それぞれの相撲部屋を基本単位とし、それを協会と直結させたのである。部屋と協会の間に「一門」という単位はなくなった。しかし、それは規定上だけであり、現実には「五．一門の結束」の項で見たように、「一門」は存在している。

七. 理事

年寄の中から選挙で選ぶ理事の定員は七名ないし一〇名以内となっているが、一〇名を選ぶのが通例である。現在は外部の有識者の理事が三名いるが、これは選挙で選ぶわけではない。ここでは選挙で選出する一〇名の理事について述べることにする。理事会は協会の重要事項を議決する最高機関である。理事長が議長を務める。理事の任期は二年で、再任することもできる。一〇名の理事は選挙で選出するが、立候補者は一門の中で事前に決めておくのが普通である。

現在(二〇一九年五月)、一〇名の理事がいるが、各理事は一門の親方の数に応じて決まっていると言ってよい。ただし、選挙では親方の自由意思で選出されている。結果的に一門の縛りが働いているが、選出方法は公明正大である。したがって、結果がどんでん返しになることもあるし、票数が一門の親方数と一致しないこともある。二〇一八年七月に「五つの一門だけ」を確認する申し合わせが決定しているので、今後は五つの一門からその親方の数に応じて理事の人数も決まることが予想される。一門内で立候補者を絞り切れない場合、落選の覚悟で立候補することはあり得る。他の一門に属する親方の支援が得られる場合は、一門の親方数を超えて、立候補するかもしれない。

話題17　相撲部屋と一門からの離脱

一門の結束は一九五七年以前の昔ほどではないが、それは現在でも続いている。一門内の各部屋は本家と分家の関係に似ている。一緒に生活していた兄弟姉妹が独立して分家を作り、その分家からもう一つの分家が独立するというように、長い相撲の歴史の中でいくつかの一門ができ上がったのである。部屋の独立をめぐっては円満に進むこともあれば、時として問題が生じることもある。それをめぐる話題は枚挙にいとまがない。

一門内の問題はコップの中の嵐みたいなもので、問題が解決すれば沈静化するのが普通だった。しかし、問題が一門内で収まらず、破門や「追い出し」になることもある。最近の例を取れば、貴乃花部屋がある。貴乃花親方は二所ノ関一門に属していたが、多くの親方の反対を押し切って、理事選で立候補した。それが原因で、貴乃花は少数の支持する師匠と共に一派を形成した。最初は一門を形成するほどの力はなかったが、賛同者が徐々に増え、「貴乃花一門」として認められるようになった。

一門を形成するほどの力がなければ、いろいろと不都合なことがあるが、一門を形成するほどの力があれば、他の一門と同等の立場になる。たとえば、理事選で一門内から立候補者を出すことができるほどの力があれば、堂々と意見を主張することもできる。そうでなければ、他の一門の手助けを得なければならないので、理事選はもちろん、他の人事でも不利な立場になる。過去でも現在でも、一門内の相撲部屋は不動のものではなく、「異端児的な」動きをする親方はいる。一門という集団は人間の集まりであり、独自の考えを貫くためには「覚悟」が必要である。

貴乃花一門はこれから徐々に拡大していくと見なされていたが、突然、あっけなくその命脈を失ってしまった。きっかけは、横綱日馬富士（伊勢ヶ濱部屋）の同国モンゴルの力士貴ノ岩（貴乃花部屋）に対する暴行事件だった。その事件の処理をめぐる過程で、協会側（理事側）と理事の一人でもあった貴乃花との間で意見の相違が顕在化した。何カ月かの間、両者とも互いに言い分を主張し合っていた。その争いも決着し、沈静化に向かっていた矢先、貴乃花が協会を突然辞職（退職）したのである。結果的に、貴乃花部屋は消滅し、部屋の力士たちは全員千賀ノ浦部屋（二所ノ関一門）へ移籍することになった。

貴乃花一門から貴乃花部屋が離脱しても、所属する相撲部屋で一致団結すれば一門の形態を堅持できたはずだが、事態調整中に理事会があわただしく「相撲部屋は存在する五つの一門のいずれかに所属すること」という趣旨の申し合わせを決定した。しかも、その期限も設けられていた。貴乃花一門に所属していた部屋は寄り合い所帯だったし、部屋数も少なかったこともあり、その申し合わせに抵抗することなく簡単に崩れてしまった。部屋によっては離脱した古巣の一門に復帰したところもあれば、古巣の一門に復帰せず、別の一門に移籍した部屋もある。そこには、受け入れる一門と離脱した相撲部屋との間で人間的な葛藤が見え隠れしている。いずれにしても、貴乃花一門は思わぬ結末を迎えてしまった。そのような結果になることは、日馬富士暴行事件が明るみに出たとき、誰も想像しなかったに違いない。

今後、相撲部屋の一門離脱はあるかもしれないが、新しい一門を設立することはなさそうである。「相撲部屋は存在する五つの一門のいずれかに所属すること」という趣旨の申し合わせを理事会で決めているからである。それがどのくらい拘束力のある申し合わせなのかははっきりしないが、その申し合わせは今後もしばらく堅持されていくに違いない。その申し合わせには撤回の期限もない。新しく一門を形成するには少なくとも理事選に立候補し、それに当選確実となるだけの人数がいなければならない。そういう年寄（親方）の数がいる部屋集団を一挙に形成するのはかなり難しい。

理事会であわただしく決めた申し合わせでもう一つはっきりしないのは、無所属の部屋も今後認めないのかどうかである。一門からの部屋離脱は常に予測できることなので、それをまったく認めないことはないはずだ。その推測が正しければ、将来、無所属部屋がいくつか団結し、新たな勢力に成長することはあるかもしれない。その勢力が何らかの一派を形成することはあり得ないことではない。しかし、当分の間、そういう一派が新たな一門を形成することはありそうもない。

既存の五つの一門は一九五八年以降、結束力が緩んできているが、近い将来実際に解体し形骸化することはない。しかし、以前のように、結束力が強くなっていくこともないはずだ。給与や手当てなどが協会から支給されているし、地方巡業や興行などが協会中心になっているからである。協会自体の組織、相撲の慣習、力士養成の仕方などで大変革があれば、それに伴い一門という団体意識も変わるかもしれない。しかし、そのような大変革が相撲界で急に起きることはないはずだ。

ついでに付け加えておきたいことがある。横綱日馬富士から暴行を受けた貴ノ岩が二〇一八年一二月の冬巡業中、宿泊ホテルで弟弟子の付け人に暴力を振るい、その責任を取って相撲界から引退している。日馬富士暴行事件では被害者だったが、一転して加害者になってしまった。同情の余地がない暴行事件である。協会は事の重大さを認識し、急きょ関取全員を集め、付け人との接し方について研修会を開いた。上下関係が厳しい相撲界では暴力まがいの接し方が黙認されがちだったが、今後は暴力があれば厳しい処罰を受けることになる。関取が付け人を力のない「部下」としてではなく、「一人の人間」として「感謝の念」をもって接すれば、問答無用の暴力は一掃できるはずだ。力がモノをいう相撲界であっても、今後は今まで以上に、関取は付け人を「対等の人間」として認め、付け人としての役割を果たしてくれるように人間関係を築いていかなければならない。

参考資料1　五つの一門と相撲部屋

二〇一九年五月現在の一門と所属する部屋の名称の一部や部屋の師匠を掲載している。

出羽海一門

①出羽海部屋：師匠・出羽海　昭和（元前頭・小城乃花）
②入間川部屋：師匠・入間川　哲雄（元関脇・栃司）
③尾上部屋：師匠・尾上　圭志（元小結・濱ノ嶋）
④春日野部屋：師匠・春日野　清隆（元関脇・栃乃和歌）
⑤木瀬部屋：師匠・木村　瀬平（元前頭・肥後ノ海）
⑥境川部屋：師匠・境川　豪章（元小結・両国）
⑦式秀部屋：師匠・武守　秀五郎（元前頭・北桜）
⑧立浪部屋：師匠・立浪　耐治（元小結・旭豊）
⑨玉ノ井部屋：師匠・玉ノ井　太祐（元大関・栃東）
⑩藤島部屋：師匠・藤島　武人（元大関・武双山）

⑪二子山部屋：師匠・二子山　雅高（元大関・雅山）
⑫山響部屋：師匠・山響　謙司（元前頭・巌雄）
⑬武蔵川部屋：師匠・武蔵川　光偉（元横綱・武蔵丸）

二所ノ関一門

①二所ノ関部屋：師匠・二所ノ関　六男（元大関・若嶋津）
②大嶽部屋：師匠・大嶽　忠博（元十両・大竜）
③阿武松部屋：師匠・阿武松　広生（元関脇・益荒雄）
（二〇一九年九月二六日付で元前頭・大道が年寄「阿武松」を襲名・継承し、阿武松部屋の新師匠となった。前阿武松（益荒雄）師匠が病気のため、定年を待たずに退職したためである。）
④尾車部屋：師匠・尾車　浩一（元大関・琴風）
⑤片男波部屋：師匠・片男波　良二（元関脇・玉春日）
⑥佐渡ヶ嶽部屋：師匠・佐渡ヶ嶽　満宗（元関脇・琴ノ若）
⑦錣山部屋：師匠・錣山　矩幸（元関脇・寺尾）
⑧芝田山部屋：師匠・芝田山　康（元横綱・大乃国）
⑨高田川部屋：師匠・高田川　勝巳（元関脇・安芸乃島）
⑩田子ノ浦部屋：師匠・田子ノ浦　伸一（元前頭・隆の鶴）

⑪千賀ノ浦部屋：師匠・千賀ノ浦　太一（元小結・隆三杉）
⑫鳴戸部屋：師匠・鳴戸　勝紀（元大関・琴欧洲）
⑬西岩部屋：師匠・西岩　忍（元関脇・若の里）
⑭湊部屋：師匠・湊　孝行（元前頭・湊富士）
⑮峰崎部屋：師匠・峰崎　修豪（元前頭・三杉磯）

時津風一門
①時津風部屋：師匠・時津風　正博（元前頭・時津海）
②荒汐部屋：師匠・荒汐　崇司（元小結・大豊）
（二〇二〇年三月、荒汐親方（大豊）が退職し、元前頭・蒼国来が襲名・継承した。）
③伊勢ノ海部屋：師匠・伊勢ノ海　準人（元前頭・北勝鬨）
④井筒部屋：師匠・井筒　好昭（元関脇・逆鉾）
（二〇一九年九月、井筒親方の急逝により、所属力士は陸奥部屋に転属し、部屋は閉鎖された。）
⑤追手風部屋：師匠・追手風　直樹（元前頭・大翔山）
⑥鏡山部屋：師匠・鏡山　昇司（元関脇・多賀竜）
⑦中川部屋：師匠・中川　憲治（元前頭・旭里）
⑧陸奥部屋：師匠・陸奥　一博（元大関・霧島）

伊勢ヶ濱一門

①伊勢ヶ濱部屋：師匠・伊勢ヶ濱　正也（元横綱・旭富士）
②浅香山部屋：師匠・浅香山　博之（元大関・魁皇）
③朝日山部屋：師匠・朝日山　宗功（元関脇・琴錦）
④友綱部屋：師匠・友綱　勝（元関脇・旭天鵬）
⑤宮城野部屋：師匠・宮城野　誠志（元前頭・竹葉山）

高砂一門

①高砂部屋：師匠・高砂　浦五郎（元大関・朝潮）
②東関部屋：師匠・東関　大五郎（元前頭・潮丸）
（二〇一九年一二月に東関親方（潮丸）が急逝し、元小結・高見盛が年寄「東関」を襲名・継承した。）
③九重部屋：師匠・九重　龍二（元大関・千代大海）
④錦戸部屋：師匠・錦戸　眞幸（元関脇・水戸泉）
⑤八角部屋：師匠・八角　信芳（元横綱・北勝海）

同じ一門に属していても、部屋の設立や継承者などの関係で部屋間の系統に違いがある。それは親族間に「親等」の違いがあるのと類似する。相撲部屋の場合は、本家と分家との距離や分家と分家との距離などによって「近い」関係にあったり「遠い」関係にあったりする。そのような部屋間の関係性はこの資料には示していない。また、他の一門を離脱し、他の一門に移籍した部屋についても何も示していない。ここでは、二〇一九年五月の一門に所属する相撲部屋を列記してあるだけである。

参考資料2　協会組織と一〇名の理事

①八角　信芳（元横綱・北勝海、八角部屋、高砂一門）
職務：理事長、協会全般

②尾車　浩一（元大関・琴風、尾車部屋、二所ノ関一門）
職務：（協会本部付き）、事業部長、全国維持員会会長、博物館運営委員

③鏡山　昇司（元関脇・多賀竜、鏡山部屋、時津風一門）
職務：（協会本部付き）、指導普及部長、生活指導部長、危機管理部長、博物館運営委員

④境川　豪章（元小結・両国、境川部屋、出羽海一門）
職務：地方場所部長（福岡）

⑤春日野　清隆（元関脇・栃乃和歌、春日野部屋、出羽海一門）
職務：（協会本部付き）、巡業部長、監察委員長、警備本部長
⑥出羽海　昭和（元前頭・小城乃花、出羽海部屋、出羽海一門）
職務：地方場所部長（名古屋）
⑦山響　謙司（元前頭・巌雄、山響部屋、出羽海一門）
職務：教習所長
⑧芝田山　康（元横綱・大乃国、芝田山部屋、二所ノ関一門）
職務：広報部長、総合企画部長、博物館運営委員
⑨阿武松　広生（元関脇・益荒雄、阿武松部屋、二所ノ関一門）
職務：審判部長、ドーピング防止委員長、新弟子検査担当
⑩高島　大造（元関脇・高望山、宮城野部屋、伊勢ヶ濱一門）
職務：地方場所部長（大阪）

ここに掲載したのは二〇一九年五月時点の理事とその職務分掌である。二〇一八年一月の理事選では元横綱・貴乃花も立候補したが、当時貴乃花一門は混乱状態にあり、結果的に貴乃花は落選し、阿武松親方が当選した。現在、貴乃花一門は消滅し、そこに所属していた阿武松部屋は二所ノ関一門に移籍している。

理事選は二年ごとに行われる。理事選では一門の親方数が重要な要素であり、どの一門が何名の立候補者を立てるかはかなりの確率で予測できる。しかし、どの理事が立候補者になり、誰が理事長になるかは必ずしも予測できない。人間関係はその時の情勢によって変わるからである。

（二〇二〇年一月の理事選は、理事候補が一〇人だったため、無投票で決定した。退職した前阿武松親方と立候補しなかった山響親方に代わり伊勢ヶ濱親方と花籠親方が新たに理事となった。）

参考資料3　歴代の理事長

理事長は理事の中から選出するが、興味深いことに、理事長は理事の多い一門から必ずしも常に選出されているわけでもない。相撲界にも時代の流れの中で波風があり、その波風を反映して少人数の一門から選出されることもある。理事数が多い出羽海一門から理事長が多く出ていることは確かだが、それでも理事数の少ない一門からも選出されていることは特筆に値する。人数が少ない一門から理事長が選出されている場合には、そうなる理由があったと見てよい。

さらに、理事長は元横綱の場合が多いのは確かだが、それも規定でそう決まっているわけではない。たとえば、四代理事長は元前頭だったし、八代と一一代理事長は元大関だった。戦後の理事長はすべて元力士だが、戦前には相撲界以外の人物が理事長になっている。初代理事長は陸軍主計中将だったのである。これこそ相撲界がたくみに「時の権力」を利用した具体例である。

それでは、参考までに、初代から現在の一三代までの歴代理事長、一門、期間を示しておく。

①初代　廣瀬　正徳（陸軍主計中将）一九二八年一月―一九三八年九月
②二代　出羽海　秀光（元横綱・常ノ花、出羽海一門）一九四四年三月―一九五七年五月
③三代　時津風　定次（元横綱・双葉山、時津風一門）一九五七年五月―一九六八年一二月
④四代　武蔵川　嘉偉（元前頭・出羽ノ花一門、出羽海一門）一九六八年一二月―一九七四年一月
⑤五代　春日野　清隆（元横綱・栃錦、出羽海一門）一九七四年二月―一九八八年一月
⑥六代　二子山　勝治（元横綱・若乃花、二所ノ関一門）一九八八年二月―一九九二年一月
⑦七代　境川　尚（元横綱・佐田の山、出羽海一門）一九九二年二月―一九九八年一月
⑧八代　時津風　勝男（元大関・豊山、時津風一門）一九九八年二月―二〇〇二年一月
⑩九代　北の湖　敏満（元横綱・北の湖、出羽海一門）二〇〇二年二月―二〇〇八年九月
⑪一〇代　武蔵川　晃偉（元横綱・三重ノ海、出羽海一門））二〇〇八年九月―二〇一〇年八月
⑪一一代　放駒　輝門（元大関・魁傑、二所ノ関一門）二〇一〇年八月―二〇一二年一月
⑫一二代　北の湖　敏満（元横綱・北の湖、出羽海一門）二〇一二年二月―二〇一五年一一月
⑦一三代　八角　信芳（元横綱・北勝海、高砂一門）二〇一五年一二月―現在

参考資料4　相撲の稽古

力士は相撲の技を磨くために日々稽古に励んでいる。その稽古のいくつかを見てみよう。

基本動作

①四股踏み

手を軸足の膝や太ももに置き、もう一方の足を上方に高く持ち上げ、その後につま先から地面に力強く下ろす動作。主として足と腰の筋肉を強化するための訓練である。

②すり足

腰を深く下ろし、膝を直角に曲げ、脇を締めて、右手と右足、左手と左足を同時に出しながら進む動作。主として足の運び方や体のバランスを保持するための鍛錬である。

③鉄砲

脇を締めて、右手で鉄砲をつくときは右足をすり足で前に出し、左手で突くときは左足をすり足で前に出す動作。主として突きの威力や腕の筋力を高める訓練である。

稽古の種類

①申し合い

勝った力士が次の対戦力士を指名する稽古。腕を磨きながら、闘争心を培う。

②三番稽古

実力がほぼ同じ力士が対戦する稽古。「三番」は「たくさん」の意味で、番数の三番という意味ではない。昔の言葉遣いの名残である。相手の技を凌ぐ自分の技を磨く。

③ぶつかり稽古

相手の胸をめがけて両手でぶつかる稽古。押す側と受ける側が力を出し合い、互いに異なる力をつける。最後には受け身の習得のため転ばされるのが普通。

他の部屋で行う稽古

力士は所属する部屋だけでなく、他の部屋へ出かけて稽古することがある。

①出稽古

他の部屋へ出向いて行う稽古。異なるタイプの力士と対戦して勝つための技を磨く。

②連合稽古

一門の力士が集まって行う稽古。他の一門の力士が連合稽古に参加することもある。たとえば、二〇一七年九月四日、二所ノ関一門の連合稽古（尾車部屋）に出羽海一門の大関豪栄道（境川部屋）が参加し、大関高安（田子ノ浦部屋）と稽古している。一門の力士にはさまざまなタイプの力士がいる。力も違うし、技も違う。そういう力士と対戦しながら、自分の技を磨く。

もちろん、これらの稽古に加えて、力士は相撲で必要な身体能力を高めるために種々の稽古や訓練を日々行っている。中にはタイヤを紐で結び、それを野外で引っ張る運動をしたり、ジムに通い腕や脚の筋力を鍛えるためにバーベルを持ち上げたり自転車こぎをしたりしている者もいる。稽古部屋でも腕立て伏せやバーベルなどの筋力トレーニングも取り入れている。相撲の取組みで有利になるためには何でも取り入れて訓練していると言っても過言ではない。

第八章　力士とお金

力士の金銭面に関することは協会規約の「第八章　給与」の項で詳しく規定されている。この章の金銭に関することはすべて、「寄附行為」の規約に基づいている。（ここで提示している金額は、現在の支給額と少し異なる場合があるかもしれないことを記しておく。）

二〇一九年一月から一九年ぶりに給料が増額改定された。十両以上力士の給料と幕下以下力士の養成員場所手当ては新聞などで公表されているが、他の諸手当てについては公表されていない。そのため、本章では給料については二〇一九年一月の改訂版に従い、その他の諸手当についてはそれ以前の規定に従うことにした。

一．月額給与

力士の給与は基本給と手当てに二分されるが、通常、それを一つにまとめて「給与」と呼んでいる。現在の給与制度が導入されたのは一九五七年五月である。以前は「歩方金《ぶかたきん》」と言って、本場所の収益を一定の割合で分配していた。

各階級の給与は次のとおりである。

	月額給与
横綱	三〇〇万円

大関　二五〇万円
三役　一八〇万円
幕内　一四〇万円
十両　一一〇万円

給与は十両以上に支給され、幕下以下（つまり力士養成員）には支給されない。幕下以下は場所手当てと電車賃が親方に支給されるだけである（第八四条）。

関脇と小結は共に同額の給与を支給される。金銭面に関するかぎり、同じ扱いである。幕内はどの地位にいても同額である。たとえば、前頭筆頭と前頭一〇枚目は同額の給与である。年額給与を知りたければ、月額給与を一二倍にすればよい。

二 年額賞与

世間一般のボーナスに相当する賞与も力士には支給される。それをここでは「年額賞与」と呼ぶことにする。これも十両以上に支給される。幕下以下には支給されない。年二回、九月と一二月にそれぞれ月額給与の一カ月分が支給される。したがって、月額給与を二倍にしたものが年額賞与となる。

三．力士褒賞金

力士褒賞金とは、よい成績にはそれを称賛し、それに報いる褒美としての賞金であると言ってよい。よい成績とは、たとえば、十両以上は一五日間相撲を取組むが七勝をボーダーラインとし、それよりいくら勝ち星を増やしたかとか、平幕が横綱に勝って金星をあげたとか、などである。最高優勝もよい成績として評価されるが、全勝優勝はもっとよい成績である。それゆえ、全勝優勝は最高優勝より力士褒賞金が高くなる。相撲にはよい成績として評価されるものがいくつかある。褒賞金は評価される成績によって決まっている。なお、力士褒賞金は「持ち給金」とか「給金」と呼ぶこともある。

褒賞金をお金に換算するときは、それを四〇〇〇倍にする。たとえば、褒賞金が六〇〇〇円であれば、六〇〇〇円×四〇〇〇＝二四〇〇万円となる。これは一カ月分なので、二カ月分は四八〇〇万円となる。それが六場所ごとに支給されることになる。褒賞金を四〇〇〇倍にしたのは一九九八年一月である。それ以前は二五〇〇倍だった。

取組の勝ち星によるもの

規定（第九二条）では、「本場所相撲の成績に基づき、勝ち越し星一番につき、五〇銭を増加する」となっている。十両以上の場合、七勝が基準となり、八勝以上が勝ち越しとなる。勝ち星数から負け数を引いた数が勝ち越し星の点数となる。八勝したら、一点の勝ち越しとなる。その一点が〇・五円（五〇銭）として評価される。九勝であれば、勝ち越し三点となり、一・五円の褒賞金となる。一二勝したら勝ち越し九点で、四・五円となる。拙著『ここまで知って大相撲通』（一九九八）の「力士褒賞金」の項（四〇頁）には大きな誤りがある。貨幣単位の表記を間違えている。たとえば、〇・五円を五〇円また一〇〇銭を一〇〇円としてある。いつか修正しなければならないと出版当時から気づいていたが、その機会がなかなか訪れなかった。ここに誤りがあったことを記し、お詫びとしたい。

他方、幕下以下の場合七番の取組なので、三勝が基準となり、四勝以上が勝ち越しである。四勝すれば、一点の勝ち越しとなる。その一点が〇・五円（五〇銭）として評価される。

褒賞金は勝ち越した場合にのみ増加される。負け越しても減額されない。たとえば、五勝一〇敗であれば、二番負け越しているが、その分が減額されることはない。すなわち、負け越した場合は、すでに獲得していた褒賞金の額はそのままである。

賞賛に値する成績によるもの

褒賞金が円単位で増加する成績がある。

金星　　　　　一〇円（普通の勝ち星の二〇倍に相当する）

幕内最高優勝　三〇円（普通の勝ち星の六〇倍に相当する）

幕内全勝優勝　　五〇円（普通の勝ち星の一〇〇倍に相当する）

十両以下は最高優勝しても全勝優勝しても褒賞金は増えない。金星は平幕力士が横綱に勝利することだが、その場所で勝ち越しても負け越しても加算される。たとえば、横綱二人に勝ち金星二つを上げながら、他で全部負けたとしても、その金星二つは褒賞金二〇円として加算されるのである。

最低支給標準額によるもの

力士褒賞金には、番付に応じた最低支給標準額が定められている。これは、それぞれの階級で保証される最低支給額であり、それに達していなければ、この最低額まで引き上げられる。これは出世が早すぎたり学生出身力士が付け出されたりする場合にときおり見られる。

力士褒賞金の最低支給標準額

横綱	一五〇円（四〇〇〇倍にすれば六〇万円になる）
大関	一〇〇円（四〇〇〇倍にすれば四〇万円になる）
幕内	六〇円（四〇〇〇倍にすれば二四万円になる）
十両	四〇円（四〇〇〇倍にすれば一六万円になる）
幕下以下	三円（四〇〇〇倍にすれば一万二〇〇〇円になる）

最低支給標準額まで引き上げられたが成績不良で階級が下がった場合、その引き上げられた分を差し引くことになっている。

四．褒賞金ではないもの

1　幕下奨励金

本場所の成績に応じて支給されるもので、勝ち星と勝ち越し星数によって決まる。

	勝ち星奨励金	勝ち越し金
幕下	二五〇〇円	六〇〇〇円
三段目	二〇〇〇円	四五〇〇円
序二段以下	一五〇〇円	三五〇〇円

幕下以下は七番取組む。各階級によって支給額が異なる。幕下の場合、六勝一敗ならば、勝ち星六なので、二五〇〇円×六＝一万五〇〇〇円となる。勝ち越し星は六－一＝五なので、六〇〇〇円×五＝三万円となる。二つを合計すると、四万五〇〇〇円となる。三段目が六勝一敗ならば、勝ち星奨励

金は二〇〇〇円×六＝一万二〇〇〇円となり、勝ち越し金は四五〇〇円×五＝二万二五〇〇円となる。

幕下以下について補足すると、力士褒賞金は支給されないが、力士個人の持ち給金として成績に応じて計算されており、力士褒賞金が支給される十両昇格以降、反映される。

2　本場所特別手当

三役以上の力士には本場所特別手当が支給される。これは三役以上の特典で、平幕と十両には適用されない。

横綱　　二〇万円
大関　　一五万円
三役　　五万円

支給は出場日数によって変わる。出場日数が一一日間以上であれば全額、六日間以上であれば三分の二、五日間以内であれば三分の一がそれぞれ支給される。全休の場合は支給されない。

3　養成員場所手当

力士養成員には場所手当として本場所ごとに年六回支給される。この手当は力士に直接支給されるのではなく、親方を通して支給される。

幕下	一六万五〇〇〇円
三段目	一一万円
序二段	八万八〇〇〇円
序ノ口	七万七〇〇〇円

また、本場所中、必要が認められると、交通費が支給される。

4　宿泊費・手当

	宿泊費	日当
横綱	八〇〇〇円	三〇〇〇円
大関	七五〇〇円	二〇〇〇円
三役	六五〇〇円	一六〇〇円
前頭	五七〇〇円	一四〇〇円
十両	五〇〇〇円	一二〇〇円

これは地方場所に適用されるが、日数は三五日分として支給される。三五日分支給されるのは、年三回の地方場所だけである。つまり、三月場所（大阪）、七月場所（名古屋）、一一月場所（福岡）である。三五日分とするのは、番付発表日から本場所までの一三日間、本場所一五日間、本場所を終えてから次の巡業までの七日間を合計した日数だと言われている。

五．三賞

この三賞制が始まったのは一九四七年一一月である。三賞は横綱と大関を除く幕内力士が対象で、勝ち越すことが条件である。関脇と小結は三役だが、三賞の対象となる。

殊勲賞　二〇〇万円
敢闘賞　二〇〇万円
技能賞　二〇〇万円

六．優勝賞金

幕内　一〇〇〇万円

十両	二〇〇万円
幕下	五〇万円
三段目	三〇万円
序二段	二〇万円
序ノ口	一〇万円

七．名誉賞金

横綱と大関に昇進すると、名誉賞が授与される。

横綱	五〇万円
大関	一〇〇万円

大関は成績不良によりその地位から陥落し、その後よい成績を収めて大関に再昇進することがあるが、その再昇進の場合はこの名誉賞金は支給されない。

八．取組の懸賞金

二〇一四年五月場所以降、一本の懸賞金は六万二〇〇〇円である。そのうち、五三〇〇円は協会の事務経費、二万六七〇〇円は納税充当金として協会が勝ち力士名義の預かり金として天引きしておく。事務経費の中には取組表に掲載するための費用、会場内で放送する費用などが含まれる。土俵上で勝ち力士に手渡されるのは三万円である。

勝ち力士が獲得する懸賞金は大きな収入となる。最近は懸賞金の本数がかなり増えている。二〇一七年一月場所千秋楽の白鵬と鶴竜戦では六一本の懸賞が掛けられた。横綱白鵬は一場所（二〇一五年九月場所）で一九七九本の懸賞金を獲得したこともある。単純計算して五九三七万円である。全力士が平等に懸賞金を獲得するわけでないが、力士の大きな収入源の一つであることは間違いない。

なお、どの企業や団体が懸賞金を出しているかは当日の取組表に掲載されている。

九．部屋に入る金

協会は、力士だけでなく、相撲部屋にもお金を支給している。その主なものを示す。

相撲部屋維持費　力士一人につき、場所ごとに一一万五〇〇〇円。
稽古場経費　力士一人につき、場所ごとに四万五〇〇〇円。
養成員養成費　幕下以下の力士一人につき、毎月六万五〇〇〇円。二ヵ月まとめて場所ごとに支給される。
養成奨励金　次項を参照。

養成奨励金

これは十枚目以上の力士を養成した年寄（すなわち部屋の師匠）に支給される。養成奨励金は力士に支給されるわけではない。毎場所、力士の数だけ支給される。すなわち、同じ階級の力士が二人いれば、二人分の奨励金が支給される。

横綱	三〇万円
大関	二〇万円
三役	一〇万円
前頭	五万円
十両	三万円

一〇．力士養老金と特別功労金

引退力士に支給される退職金に相当するものは力士養老金である。この養老金は基本的に十両以上に支給される。番付の地位や勤続場所数などを考慮するが、その計算方法は複雑である。ここでは退職金に相当する養老金があることだけを指摘しておきたい。横綱・大関の引退時には、特別功労金も支給される。二〇一七年四月に個人情報保護法が施行され、五月以降は支給額が公表されなくなった。それ以前は公表されていたため、主だった力士の引退時の支給額を知ることができた。これは長年相撲に勤続した横綱や大関らが主な対象となる。

話題18　相撲茶屋の伝統と屋号

大相撲観戦には入場券が必要である。その入場券購入の仲介をしてくれるのが「相撲茶屋」である。相撲茶屋は入場券だけでなく、お客さんの注文によって「相撲土産」も用意する。国技館に入れば、座席まで「出方衆」が案内する。観戦中は、お客さんの注文で主に飲食物を運んでくれるが、それ以外の注文にも対応してくれる。至れり尽くせりのサービスをしてくれるのが「相撲茶屋」である。両国国技館の「相撲茶屋」は二〇軒あり、それぞれ一番から二〇番の番号で呼ばれている。統括しているのは、国技館サービス株式会社である。このサービス会社は一番から二〇番の「お茶屋さん」で構成されている。この二〇軒は一九〇九年から変わらないが、以前の店名は一九五八年の「番号名」に変わった。しかし、その番号名よりも昔からの「茶屋名」が「通称」として使われている。たとえば、一番なら「高砂家」、二番なら「紀の国家」というように、二〇番まで昔の「茶屋名」で呼んでいる。

大相撲が開催されている間、国技館正面入口から入り、広場に出ると、向かって左側に二〇軒の相撲茶屋がずらりと並んでいる。真ん中に通称「茶屋通り」があり、その右側に一番から一〇番のお店、左側に一一番から二〇番のお店が向かい合っている。一月場所は繭玉《まゆだま》、五月場所は藤やアヤメ、九月場所は紅葉など、季節ごとに特色のある飾り付けをしている。絵葉書などでもその光景が鮮やかな色で映し出されている。この短い茶屋通りをのんびり歩いていると、確かに何か異次元の世界に入り込んだ気分になる。人によっては、タイムスリップして江戸時代の世界を見ている感じがすると語る者もいる。その演出効果を体感するために茶屋通りをフラッと散策してみたらどうだろうか。

相撲茶屋が二〇軒に決まったのは一九〇九年だが、その数に決まるまでには歴史がある。相撲茶屋が文政期（一八一八―三〇）の頃すでに一四軒あったことは文献で確認できるが、それ以前については明白ではない。そのため、天保四年（一八三三）以降相撲茶屋がどのように変化してきたかを見ていくことにする。天保四年に相撲茶屋（当時は桟敷方《さじきかた》と呼んでいた）と相撲会所（当時相撲興行を行った組織）の間で相撲茶屋に関する契約を取り交わしている。その中に文政期に一四軒の相撲茶屋（桟敷方）があったことも確認できる。

次に、相撲茶屋の歴史について簡単に触れるが、これは基本的に、池田雅雄筆「相撲茶屋の今昔（上、中、下）」（『相撲』一九六五年四月号から六月号）に基づいている。

1　宝暦から明和年間（一七五一―七二）

相撲見物しているうちに、自然発生的に入場券（当時は桟敷札と呼んでいた）や飲食物などを世話する者が何人か現れ、小さな仲間を形成していた。

2　寛政年間（一七八九―一八〇一）
業務分担が桟敷札を売る「出方《でかた》」、観客を案内する「物持《ものもち》」、全体を仕切る「桟敷方」の三つに分かれていた。

3　天保四年（一八三三）
相撲会所は桟敷方一四名と「一札之事」という契約書を取り交わしている。証文が交わされた天保四年より一〇年前とあることから、文政期（一八一八―三〇）の初めには桟敷仲間の組織があり、それは一四人だったことがわかる。当時の相撲会所と一四名の桟敷仲間との間で支払勘定や混乱することなどがあった。それを無くすために、この証文を取り交わしている。

4　天保一二年（一八四一）
証文によると、桟敷方は永久に営業権を保証されている。加えて、「物持札」（飲食物を運ぶ係）も「桟敷方」一四名に直属させるようにしている。つまり、仕事の分担を一本化している。仕事の分担を乱すような者がいたら、罰を受けることも記されている。要するに、桟敷方の営業権を永久に保証するだけでなく、見物客の扱いも桟敷方に任せることになった。

5　一八八九年
桟敷方一三名と年寄八五名との間で十数項目にわたる公正証書を取り交わしている。翌九〇年にもその契約を更新している。

6　一九〇九年
国技館開館に合わせて、桟敷方は「相撲茶屋」に呼称を変えている。池田筆「相撲茶屋の今昔（中）」（一三二頁）によると、この「相撲茶屋」という呼称は幕末にも使われていたとある。幕末の頃の正式な名称は「桟敷方」で、その他に別名として「桟敷屋」とも呼ばれていたという。一九〇九年当時、相撲茶屋（桟敷方）は二〇軒に増えていた。天保の頃は一四軒だったので、六軒増えたことになる。この二〇軒の相撲茶屋が事実上、現在でも存続している。

一九〇九年に茶屋と協会取締の間で取り交わされた「東京角力茶屋組合規約」第三条に二〇名の茶屋名と住所氏名が記されている。規約の中で明記されている茶屋名は一九五七年まで存続していたが、一九五七年以降、名称は変更された。しかし、昔の名称は「通称」として現在でも使われている。

7　一九五七年
「相撲茶屋」が組織替えとともに名称も「相撲サービス株式会社」に変わった。国会で相撲の在り方が問題になり、その改革の一つとして「相撲茶屋」も改変されたのである。結果として、従来の屋号は廃止され、その代わり「相撲サービス株式会社」一番から二〇番に組織替えされた。

一九五七年頃には大相撲の在り方そのものが大きな社会問題となり、それを解消するために大変革が実施されている。たとえば、力士の給与が月給制になったり、立行司が年寄名跡から除外されたりしている。相撲茶屋も営利的すぎるという世間の苦情が大きくなり、それを解消する一環として組織を改変したのである。新しく「相撲サービス株式会社」を設立し、それぞれの相撲茶屋はその傘下に入るようにしたのである。組織の在り方は確かに変わったが、相撲茶屋の内実は以前とあまり変わらなかった。もちろん、一九五七年以前と以降の相撲茶屋はまったく同じというわけではない。その具体的な違いにはここでは触れない。それに関心があれば、当時の相撲雑誌などを見てほしい。

8　一九八五年

「相撲サービス株式会社」は「国技館サービス株式会社」に名称を改め、これが現在まで続いている。

現在の相撲茶屋は番号制になっているが、昔の茶屋名を通称として使用しているので、その対応関係を次に示す。お茶屋さんに割り当てられている席数は同等ではない。昭和末期の資料になるが、三栖隆介筆「〝相撲茶屋〟その歴史と実体」(『新・古今大相撲事典』、一九八五)にそれぞれの相撲茶屋に割り当てられたマス数が掲載されている。これは蔵前国技館(収容人員一万一〇〇八人)のマス数で、三栖氏自身が調べたということである。相撲茶屋の番号・通称とその一部を次に示す。

店番号	通称名	マス数	店番号	通称名	マス数
一番	高砂家	一二九	一一番	上庄	七一
二番	紀の国家	八一	一二番	四ッ万	一七四
三番	大和家	九二	一三番	武蔵屋	七五
四番	吉可和	八六	一四番	白豊	四八
五番	みの久	七九	一五番	長谷川家	一〇一
六番	中橋家	五〇	一六番	河平	五一
七番	和歌島	四七	一七番	藤しま家	一一〇
八番	上州家	六〇	一八番	伊勢福	三八
九番	西川家	八四	一九番	竪川	六八
一〇番	三河屋	八七	二〇番	林家	九五

〔マス数は『新・古今大相撲事典』(一九八五)より〕

現在の両国国技館(収容人員一万三〇〇〇人)は一九八五年に開館しているが、各相撲茶屋にマス席がどのくらいずつ割り当てられているかは不明である。池田筆「相撲茶屋の今昔(下)」には「いまの相撲サービス会社になってからは桝数はほぼ平均に割り当てられている」(一四一頁)とあるが、一九八五年の三栖氏の論考によれば、マス席数には差異が見られる。その後、マス席数を調整したという話を聞いたことがない。

実は、私もマス席の割り当てに興味を抱き、サービス会社を訪問し尋ねてみたり、相撲茶屋やそこで働いている出方衆に尋ねたりしたことがあるが、はっきり答えを得ることはできなかった。十数年前(両国国技館開館後)のことである。相撲茶屋の許しを受け、代表格の出方一人(番頭)に二時間ほど仕事の内容などについてインタビューしたが、明確に答えてくれる場合もあるし、そうでない場合もあった。それ以降、マス席数の割り当てを調べることは断念している。したがって、現在、相撲茶屋のマス席数の割り当てがほぼ同数なのか、それともやはり差異があるのか、まったくわからないのである。

なお、相撲茶屋の歴史を扱っている文献をいくつか紹介しておきたい。

・池田雅雄筆「相撲茶屋の今昔(上、中、下)」(『相撲』一九六五年四月号から六月号)。
・池田雅雄筆「相撲茶屋の歴史(上、中、下)」(『相撲』一九七七年二月号から七月号)。
・池田雅雄筆「相撲茶屋の系図(一から六)」(『相撲』一九七六年一一月号から一九七七年一月号)。
・三栖隆介筆「〝相撲茶屋〟その歴史と実体」(『新・古今大相撲事典』、一九八五)、読売新聞社。
・相撲研究会編『最新相撲便覧』(五九―七九頁)、一九三〇、野球界社。

相撲茶屋と相撲協会の経済関係を扱っているものとして、たとえば、中島隆信著『大相撲の経済学』(二〇〇三)の第一〇章「特殊なチケット販売制度」(一五一―二〇四頁)がある。

相撲茶屋と入場券購入などを扱ったガイドブックはたくさん出版されており、入手しやすい。中には簡単な茶屋の歴史や女将さんの営業的心遣いなどを述べている本もある。

参考文献

雑誌、新聞、小冊子等は多くの場合、本文の中で詳しく記してあるので、ここでは省略してある。雑誌社や博物館の編集による特集号や展示出版物の場合、書名を編集部や博物館名より先に示してある。


綾川五郎次（編）『一味清風』学生相撲道場設立事務所、一九一四（大正三年）。

荒木精之『相撲道と吉田司家』相撲司会、一九五九（昭和三四年）。

池田雅雄（編）『写真図説相撲百年の歴史』講談社、一九七〇（昭和四五年）。

池田雅雄『相撲の歴史』平凡社、一九七七（昭和五二年）。

池田雅雄『大相撲ものしり帖』ベースボール・マガジン社、一九九〇（平成二年）。

茨城県立歴史館（編・発行）『すもう今昔』、二〇〇六（平成一八年）。

岩井左右馬『相撲伝秘書』、一七七六（安永五年）。

岩手県立博物館（制作）『四角い土俵とチカラビト』岩手県立博物館、二〇〇六（平成一八年）。

内館牧子『女はなぜ土俵にあがれないのか』幻冬舎、二〇〇六（平成一八年）。

内館牧子『大相撲の不思議』潮出版、二〇一八（平成三〇年）。

『江戸相撲錦絵』（『VANVAN 相撲界』、一九八六年新春号）ベースボール・マガジン社。

遠藤泰夫（著・発行）『女大関　若緑』朝日新聞社（発売）、二〇〇四（平成一六年）。

『大相撲』学習研究社（本書では「学研」と記す）、一九七七（昭和五二年）。

岡敬孝（編著）『古今相撲大要』報行社、一八八五（明治一八年）。

尾川正己『相撲一途』樋口プリン社、二〇〇二（平成一四年）。

太田牛一『信長公記』、一六〇〇（慶長五年）成立。

風見明『相撲、国技となる』大修館書店、二〇〇二（平成一四年）。

景山忠弘『大相撲名鑑』学習研究社、一九九六（平成八年）。

景山忠弘（編著）『江戸・明治・大正　大相撲グラフィティ』カタログハウス、一九九四（平成六年）。

加藤隆世『明治時代の大相撲』国民体力協会、一九四二（昭和一七年）。

金指基『相撲大事典』現代書館、二〇〇二（平成一四年）。

上司子介（編）『相撲新書』博文館、一八九九（明治三二年）。

北川博愛『相撲と武士道』浅草国技館、一九一一（明治四四年）。

木村喜平次『相撲家伝鈔』、一七一四（正徳四年）。

木村庄之助（九代）『相撲行司家伝』、一八二七（文政一〇年）。

木村庄之助（二〇代・松翁）『国技勧進相撲』言霊書房、一九四二（昭和一七年）。

木村庄之助（二二代）・前原太郎（呼出し）『行司と呼出し』ベースボール・マガジン社、一九五七（昭和三二年）。

木村庄之助（二七代）『ハッケヨイ残った』東京新聞出版局、一九九四（平成六年）。

木村庄之助（二九代、桜井春芳）『一以貫之』高知新聞、二〇〇二（平成一四年）。

木村庄之助（三三代）『力士の世界』文藝春秋、二〇〇七（平成一九年）。

木村庄之助（三六代）『大相撲　行司さんのちょっといい話』双葉社、二〇一四（平成二六年）。

木村柳全（孫六、守直）『相撲強弱理合書』、一七四五（延享二年）。

木村清九郎（編）『今古実録相撲大全』、一八八五（明治一八年）。木村政勝『古今相撲大全』の現代語訳本。

木村政勝『古今相撲大全』、一七六三（宝暦一三年）。

『国技相撲のすべて』（別冊相撲夏季号）、一九七四（昭和四九年）、ベースボール・マガジン社。

『国技相撲のすべて』(別冊相撲秋季号)、一九九六(平成八)年一一月、ベースボール・マガジン社。

『国技相撲の歴史』(別冊相撲秋季号)、一九七七(昭和五二年)、ベースボール・マガジン社。

酒井忠正『日本相撲史』(上・中)ベースボール・マガジン社、一九五六(昭和三一年)/一九六四(昭和三九年)。

堺市博物館(制作)『相撲の歴史──堺・相撲展記念図録』、堺・相撲展実行委員会、一九九八(平成一〇年)。

塩入太輔(編)『相撲秘鑑』、一八八六(明治一九年)、厳々堂。

式守蝸牛『相撲穏雲解』、一七九三(寛政五年)。

「昭和の大相撲」刊行委員会(編)『昭和の大相撲』ティビーエス・ブリタニカ、一九八九(平成元年)。

自楽子(編)「増補横綱図式」、一七九二(寛政四年)。

『新・古今大相撲事典』読売新聞社、一九八五(昭和六〇年)。

杉浦善三『相撲鑑』昇進堂、一九一一(明治四四年)。

「相撲」編集部『大相撲人物大事典』ベースボール・マガジン社、二〇〇一(平成一三年)。

『相撲錦絵展』、山口県立萩美術館・浦上記念館編、一九九八(平成一〇年)。

『相撲浮世絵』(別冊相撲夏季号)ベースボール・マガジン社、一九八一(昭和五六年)。

『図録「日本相撲史」総覧』(別冊歴史読本)新人物往来社、一九九二(平成四年)。

高橋金太郎(一九代式守伊之助)『軍配六十年』、発行・高橋金太郎(私家版)、一九六一(昭和三六年)。

竹内誠『元禄人間模様』角川書店、二〇〇〇(平成一二年)。

立川焉馬撰『角觝詳説活金剛伝』、一八二八(文政一一年)。

立川焉馬(序文)『相撲櫓太鼓』、一八四二(天保一三年)。

立川焉馬(作)『当世相撲金剛伝』、一八四四(天保一五年)。

立川焉馬(作)『相撲改正金剛伝』、一八四七(弘化四年)。

土屋喜敬『相撲』法政大学出版局、二〇一七（平成二九年）。

戸谷太一（編）『大相撲』学習研究社、一九七七（昭和五二年）。（本書では「学研（発行）」として記す）

中島隆信『大相撲の経済学』東洋経済新報社、二〇〇三（平成一五年）。

中村弘『日下開山　初代横綱明石志賀之助』随想舎、二〇一二（平成二四年）。

成島峰雄『すまゐご覧の記』、一七九一（寛政三年）。

南部相撲資料（『相撲極伝書』、『相撲故実伝記』、『相撲答問詳解抄』、『岩井流親善相撲之巻』、『岩井流御前相撲之巻』、『岩井流式正相撲之巻』、『岩井流軍陣相撲之巻』、『岩井流勧進相撲之巻』、『岩井流秘事上之巻』、『岩井流秘事下之巻』など。他に相撲の古文書が数点ある）。

『南撰要類集』（南町奉行所の部、寛政期（一七八九―一八〇一年頃）、「角力式」や「土俵入之式」など）。

新田一郎『相撲の歴史』山川出版社、一九九四（平成六年）。

新田一郎『相撲　その歴史と技法』日本武道館、二〇一六（平成二八年）。

日本相撲協会博物館運営委員会（監修）『近世日本相撲史』（第一巻〜第五巻）ベースボール・マガジン社、一九七五（昭和五〇年）―一九八一（昭和五六年）。

根間弘海『ここまで知って大相撲通』グラフ社、一九九八（平成一〇年）。

根間弘海著・岩淵デボラ訳『Q&A型式で相撲を知るSUMOキークエスチョン二五八』洋販出版、一九九八（平成一〇年）。

根間弘海・木村庄之助（三三代）『大相撲と歩んだ行司人生五一年』英宝社、二〇〇六（平成一八年）。

根間弘海『大相撲行司の伝統と変化』専修大学出版局、二〇一〇（平成二二年）。

根間弘海『大相撲行司の世界』吉川弘文館、二〇一一（平成二三年）。

根間弘海『大相撲行司の軍配房と土俵』専修大学出版局、二〇一二（平成二四年）。

根間弘海『大相撲の歴史に見る秘話とその検証』専修大学出版局、二〇一三（平成二五年）。

根間弘海『大相撲行司の房色と賞罰』専修大学出版局、二〇一六（平成二八年）。

根間弘海『大相撲立行司の軍配と空位』専修大学出版局、二〇一七（平成二九年）。

根間弘海「地位としての草履の出現」『専修人文論集』第一〇三号、三〇一―三二一頁、二〇一八（平成三〇年）。

根間弘海「地位としての足袋の出現」『専修人文論集』第一〇四号、一九三―二一二頁、二〇一九（平成三一年）。

根間弘海「大相撲の松翁」『専修人文論集』第一〇五号、三三三―三六三、二〇一九（令和元年）。

野口勝一（編）『陣幕久五郎通高事跡』高知堂、一八九五（明治二八年）／永島徳雄（編）『陣幕久五郎道高事跡復刻版』、一九八四（昭和五九年）。

肥後相撲協会（編）『本朝相撲之司吉田家』、一九一三（大正二年）。

彦山光三『相撲読本』河出書房、一九五二（昭和二七年）。

彦山光三『土俵場規範』生活社、一九三八（昭和一三年）。

彦山光三『相撲道綜鑑』日本図書センター、一九七七（昭和五二年）。

日高将『横綱昇進』同友館、一九九四（平成六年）。

常陸山谷右衛門『相撲大鑑』常陸山会、一九一四（大正三年）。

ビックフォード、ローレンス『相撲と浮世絵の世界』講談社インターナショナル、一九九四（平成六年）。英語の書名は *SUMO and the Woodblock Print Masters* (by Lawrence Bickford) である。

平出鏗二郎『東京風俗志』上・中・下、富山房、一八九九（明治三二年）―一九〇二（明治三五年）。

福田源三郎（編）『越前人物志』（中・下巻）』一九一〇（明治四三年）／復刻版、一九七二（明治四七年）、思文閣。

藤島秀光『力士時代の思い出』国民体力協会、一九四一（昭和一六年）。

古河三樹『江戸時代の大相撲』国民体育大会、一九四二（昭和一七年）。

古河三樹『江戸時代大相撲』雄山閣、一九六八（昭和四三年）。

牧野喜久雄（編）『昭和大相撲史』毎日新聞社、一九七九（昭和五四年）。

枡岡智・花坂吉兵衛『相撲講本』（復刻版）、誠信出版社、一九七八（昭和五三年）／オリジナル版は一九三五（昭和一〇年）。

松木平吉『角觝秘事解』松壽堂、一八八四（明治一七年）。

松木平吉（編）『角觝金剛伝』大黒屋、一八八五（明治一八年）。

三木愛花『増補訂正日本角力史』吉川弘文館、一九〇九（明治四二年）／『相撲史伝』、一九〇一（明治三四年）。

三木貞一・山田伊之助（編）『相撲大観』博文館、一九〇二（明治三五年）。

水谷武（編）、出羽海谷右衛門（述）『最近相撲図解』岡崎屋書店、一九一八（大正七年）。

武蔵川喜偉『武蔵川回顧録』ベースボール・マガジン社、一九七四（昭和四九年）。

山田伊之助（編）『相撲大全』服部書店、一九〇一（明治三四年）。

山田義則『華麗なる脇役』文芸社、二〇一一（平成二三年）。

鎗田徳之助『日本相撲伝』大黒屋畫舗、一九〇二（明治三五年）。

『悠久（特集「神の相撲」）』第七八号、鶴岡八幡宮悠久事務局、おうふう、一九九九（平成一一年）。

『横綱物語』（ゴング格闘技一〇月号増刊）日本スポーツ出版社、一九九三（平成五年）。

吉田長善（編）『ちから草』吉田司家、一九六七（昭和四二年）。

吉田長孝『原点に還れ』熊本出版文化会館、二〇一〇（平成二二年）。

あとがき

私の自宅では二〇一三年一一月から毎月第一週の土曜日か日曜日に「大相撲談話会」を開いている。メンバーは一〇名である。それぞれ得意とする領域があり、毎月の例会で語り合う相撲談義で私は刺激を受けている。それがこの本を世に出す刺激剤となった。この談話会は今後も継続する予定である。というのは、発表者がそれまで決まっているからである。

参考までに、この談話会のメンバーの得意とする相撲の領域を簡単に記しておこう。相撲にはいろいろな視点があることを指摘したいからである。

（1）ちゃんこに関心を持ち、全国のちゃんこ屋を訪問している。これまでに三三三店を訪問し、その店のちゃんこを食べたそうだ。お店の経営はほとんどが元力士やその親族なので、相撲の裏話をその人たちからじかに聞くことができる。本人も相撲に詳しいので、相撲についての見識がさらに幅広くなる。もちろん、ちゃんこの歴史にも詳しい。

（2）相撲の裏方や力士の土俵歴に関心がある。どこで生まれ、何が得意技だったか、どの力士と対戦しどんな技を駆使したかなど、まるで動画でも見ているように記憶している。土俵で使用される小道具の製作者が誰で、どの店やどの地でその店を開いているかなど、非常に細かなことまで記録している。相撲オタク的な存在で、物知りであり、記憶力抜群である。
（3）相撲の歴史に精通している。文献をよく読み、読んだものを記憶していることがすごい。どの力士がどの力士といつ対戦したかはもちろん、歴史的な出来事もその年号まで明確に記憶している。さらに、主だった文字資料をパソコンに取り込み、何か問われると一瞬にその資料を見せてくれる。機器の操作にも精通しているので、現代のテクノロジーを最大限に活用している感じだ。
（4）相撲グッズを何万点も収集している。まだ特定の領域に限定していないそうだ。今のところ、グッズ全般を収集している感じだ。ときどき発表の順番が回ってくると、希少価値のあるグッズを披露している。自宅の部屋はグッズで満杯らしく、専用の倉庫を借りているそうだ。おそらく、日本で有数のコレクターである。
（5）相撲番付に特に関心がある。自分にとって節目となる場所の番付を収集している。同時に、その場所と関連ある相撲錦絵も収集している。江戸時代の番付にも関心があり、お金がかかるのは確かだ。自分にとっての節目は徐々に拡大していくのが常なので、それに応じて番付も購入したくなる。番付や錦絵の収集は止めようと決心するが、それを守ることは難しいようだ。
（6）相撲と芸能との関係に関心がある。落語や歌舞伎にも精通しているので、発表では相撲と芸能に関係のある話題を取り上げることが多い。最近の大相撲は芸能関係とのかかわりが希薄だが、かつては深い関係にあった。特に落語や講談では相撲の話をネタにすることが多かった。力士の羽織袴の紋や化粧廻しの紋についても詳しく、錦絵を見るのは楽しみの一つらしい。

（7）相撲と格闘技に関心がある。相撲を格闘技の視点から見ると、相撲は一つのスポーツである。相撲と他の格闘技の違いを調べたり、どんな元力士が格闘技の世界に入ったかなども調べたりする。どんな活躍をしたかにも関心がある。力道山は有名な力士だが、なぜ力士を辞めて格闘技の世界に入ったかなども調べている。
（8）力士の取組や行司の履歴などに関心がある。生き字引のように、過去の取組や技の手順を鮮やかに記憶している。これには本当に驚かされる。どのようにしてそれを記憶しているのかと尋ねたことがあるが、雑誌などで取組の記録を読んだり、過去の映像を再生したりすると、自然に記憶に残るという。これは一般の人にはなかなか適用できない特殊能力だ。取組の年月なども正確に記憶している。これには、実際、ただただ驚くばかりである。
（9）現在の行司や相撲全般に関心がある。同時に、力士や行司の動きも注視している。横綱の在り方や協会の在り方にも批判的な見方をしている。最近の横綱はよく負けたり、一連の暴行事件に対する協会の対処の仕方に問題があったり、上位の力士が付け人の力士に理不尽な暴行事件を起こしたり、いろいろ問題があることから、それらをどう対処すればよいかを批判的に注視している。
（10）特に行司に関連することに関心がある（筆者）。本や論考もいくつか出しているが、そのほとんどが行司に関連するものである。軍配房の色に関してはいくつか指摘もしている。たとえば、立行司の紫房に四種類あったこと、草履が地位として認められたのは天明七年（一七八七）一一月だったこと、木村庄之助の総紫房は一九一〇（明治四三）年頃に始まったこと、それまでの木村庄之助は白糸が二、三本混じった準紫房だったこと、第三席の立行司がいたときはその房は半々紫白だったこと、などである。

談話会の例会に出席するのは私を含め、大体九人である。一人は遠方（兵庫県）に住んでいるため、例会にはあまり出席できない。相撲オタクのような専門家の話を聞いていれば、刺激を受けるのは当然である。疑問点があるときは、その道の専門家に尋ねると、答えが即座に返ってくる。専門家でも、もちろん、わからないことはたくさんある。しかし、わかることとわからないことの区別が明確なので、質問は決して無駄にならない。

談話会は東京場所があるときは、全員で少なくとも一日ともに相撲観戦し、夜は両国のちゃんこ屋「巴潟」に集まり、ちゃんこを楽しむことにしている。いつもゲストを招いているが、ほとんどの場合、元立行司か現役行司である。談話会のメンバーは相撲全般のことはもちろん、行司にも関心があるので、行司を囲んでの談義は相撲の見識を広めるのに大いに役立つ。メンバーは日ごろから疑問点をメモしていて、行司にそれをじかに尋ね、考えを聞いている。食事と酒の集いの中で得られる知識はたくさんあり、この本でもそれは生かされている。

毎月の例会の段取りを簡単に記しておきたい。奇数月はメンバーの一人が話題提供者として自分で選んだテーマについて発表し、それを中心に談義をしている。その話題提供者の日程は二〇二一年三月まで決まっていることから、それまでは例会も継続することは確実だ。偶数月は本場所の振り返りと来場所の展望を中心に相撲全般の談義をする。これは力士の相撲の取り方や勝敗を分析したり、来場所の番付を予想したりすることから、異なる意見が出ることが多い。意見が異なれば異なるほど談義は面白くなり、それを聞くことによって「相撲の技」に対する見方も深くなる。なお、談話会の月例会、相撲観戦、ちゃんこ会などはすべて、都合によって参加しなくてよいことになっている。

談話会の話はこれくらいにし、行司に関連することで心残りの未解決問題を二、三提示しておきたい。軍配の房色に関するものである。

（a）紅白色はいつ現れたか。

文政一一年（一八二八）四月には紅白房の存在を確認できているが、そのときに初めて出現したのか、それともそれ以前から出現していたのだろうか。

（b）青白色はいつ現れたか。

幕末にはすでに使われていたと推測している。一九〇四（明治三七）年に亡くなった木村瀬平は幕末で青白色の房色だった。それはいつ現れたか、その年月を特定できないだろうか。

（c）黒色はいつ現れたか。

江戸時代には、一般的に、黒色は一番低い色だと見なされていた。房色が行司の地位を表す色となったときから、その黒色は使用されていたはずだと推測しているが、実際はどうだったのだろうか。

この三色はずっと気にしているが、いつ現れたかとなると、まだ解決していない。この三色については以前にも拙著や拙稿で何度か言及したことがある。そのときには紅白房の出現は天保期（一八三〇―四三）だと推測していたが、その後の調査で文政一一年四月にはすでに存在していたことが判明している。この本を読んだ読者の中にこの三色の起源について述べてある資料を見つけたら、その旨を公表してくれるようお願いしたい。長い間、軍配房の色に関心を持ちながら、しかも遠い昔のことでもないのに、まだ解決していない。非常に不思議である。

もう少し付け加えると、「三役揃い踏み」がいつ始まったかもまだわからない。「是より三役」は寛政三年（一七九一）の頃にもあり、現在も続いているが、「是より三役」が始まったのと同時に「三役揃い踏み」も始まったのだろうか。残念ながら、それを確認できる錦絵や文献などを見たことがない。また、以前は「役相撲」の勝者には弓（大関に）、弦（関脇に）、矢（小結に）が授与された。その際、「大関に叶う」、「関脇に叶う」、「小結に叶う」という口上が述べられていたが、現在はいずれの勝者にも「役相撲に叶う」という口上になっている。現在の口上に変わったのはいつだったのだろうか。横綱が番付に掲載されるようになった一八九〇（明治二三）年以降だろうと推測されるが、実際にいつ変わったのとかなると、その年月がまだ特定できていない。これは相撲に関する資料などを丹念に調べればわかるはずだが、今のところ、わからない。

索引

著者紹介

根間　弘海（ねま・ひろみ）
昭和18年生まれ。専修大学名誉教授。専門は英語音声学・音韻論・英語教授法。趣味は相撲（特に行司）とユダヤ教の研究。英語テキストと相撲に関する著書は共著を含め、本書で94冊目となる。
(a) 相撲では『ここまで知って大相撲通』（グラフ社）、『SUMOキークエスチョン258』（岩淵デボラ英訳、洋販出版）、『大相撲と歩んだ行司人生五一年』（33代木村庄之助共著、英宝社）、『大相撲行司の世界』（吉川弘文館）、『大相撲行司の伝統と変化』、『大相撲行司の軍配房と土俵』、『大相撲の歴史に見る秘話とその検証』、『大相撲行司の房色と賞罰』、『大相撲立行司の名跡と総紫房』（専修大学出版局）、がある。
(b) 英語では『英語の発音とリズム』（開拓社）、『英語はリズムだ！』、『リズムに乗せれば英語は話せる』（ブレーブン・スマイリー共著、創元社）、『こうすれば通じる英語の発音』（ブレーブン・スマイリー共著、ジャパンタイムズ）などがある。

装丁：尾崎美千子

詳しくなる大相撲

2020年8月6日　初版第1刷発行

著　者　根間弘海
発行者　上原伸二
発行所　専修大学出版局
〒101-0051　東京都千代田区神田神保町3-10-3
（株）専大センチュリー内
電話（03）3263-4230（代）
印刷・製本　株式会社精興社

ISBN978-4-88125-352-6

専修大学出版局の本

大相撲立行司の名跡と総紫房

根間弘海著

A5判　二三八頁　定価（本体二六〇〇円＋税）

ISBN978-4-88125-318-2

大相撲立行司に関する七つのテーマと横綱土俵入りを扱った、本格的な大相撲行司研究本第六弾。

第1章　紫白房と准紫房
第2章　錦絵と紫房
第3章　総紫の出現
第4章　大正期の立行司
第5章　立行司の裁く番数
第6章　一六代木村庄之助と木村松翁
第7章　行司の現況
第8章　露払いと太刀持ち

大相撲立行司の軍配と空位

根間弘海著

A5判　二五八頁　定価（本体二六〇〇円＋税）

ISBN978-4-88125-316-8

大相撲行司の軍配の房色と形、文字資料と錦絵の関係性、行司の番付記載の様式の変遷、立行司の空位に関する七つの論考からなる大相撲行司研究本第五弾。ひと味違った側面から大相撲を楽しめる。

第1章　紫房の異種
第2章　准立行司と半々紫白
第3章　文字資料と錦絵
第4章　番付の行司
第5章　立行司の空位
第6章　軍配の形
第7章　相撲の軍配